貧困と
生活困窮者:

ソーシャルワークの新

埋橋孝文
同志社大学社会福祉教育・研究支援セ

[編]

法律文化社

目　次

序　貧困と生活困窮者支援をめぐる今日的課題 ……… 埋橋孝文　1

第Ⅰ部　問題解決しない支援

困窮者支援における伴走型支援とは …………………… 奥田知志　9
　　1　「抱樸」とは　11
　　2　今日，困窮とは何か　18
　　3　伴走型支援とは　27

　　【論点と争点】
　　　伴走型支援の「考え方」と「方法論」…… 髙橋尚子・郭　　芳　45
　　　奥田知志さんから対話を学ぶ──ソーシャルワーカーの対話力 …… 野村裕美　50

第Ⅱ部　生活困窮者自立支援における家計相談支援

背景と相談者の実態──グリーンコープの実践から ……… 行岡みち子　59
　　1　私たちの家計相談事業　59
　　2　家計相談の背景には何が　67
　　3　グリーンコープの行っていること　71
　　4　私たちがめざす方向は　76
　　5　家計相談支援の効果　79
　　■セミナー参加者との質疑応答　83

相談事例から考える──支援の実態と課題 ……………… 有田　朗　86
　　1　家計相談支援とは　86
　　2　「家計管理支援」ではなく「家計簿支援」でもなく　91
　　3　収入は増やせるか，支出は減らせるか　97
　　■セミナー参加者との質疑応答　103

i

ソーシャルワークの位置づけと課題 …………………鵜浦直子 106
    1　家計相談支援が注目される背景　106
    2　家計相談支援をめぐるソーシャルワークの歴史　111
    3　家計相談支援における課題——本人の意思・意向　118
    4　ソーシャルワークにおける家計相談支援の位置づけと今後の課題　121
    ■セミナー参加者との質疑応答　125

【論点と争点】
「個人」の家計から「社会」の課題を見通す
    ——家計相談支援に関する論点と課題 …… 櫻井純理　128
先駆的実践と歴史的研究が問う家計相談支援の視点と意味 …… 垣田裕介　132

第Ⅲ部　子どもの貧困と学校／保育ソーシャルワーク

学校ソーシャルワークの誕生と取り組み ………………門田光司 141
    1　アメリカにおけるスクールソーシャルワーカーの起源　141
    2　福岡県の子どもの貧困　146
    3　福岡県のスクールソーシャルワーカー活用事業　153
    4　新たな学校ソーシャルワーク実践の開拓に向けて　162
    ■セミナー参加者との質疑応答　169

保育ソーシャルワークの枠組みと課題 ………………石田慎二 173
    1　保育ソーシャルワークへの期待　173
    2　保育ソーシャルワークの論点　178
    3　保育ソーシャルワーク確立に向けての課題　183
    ■セミナー参加者との質疑応答　189

【論点と争点】
子どもの貧困対策におけるスクールソーシャルワーカー
    の実践課題——アウトリーチに着目して …… 田中聡子　192

乳幼児期の貧困と保育に関する諸問題 …… 倉持史朗　198

あとがき

序　貧困と生活困窮者支援をめぐる今日的課題

埋橋孝文（同志社大学社会学部教授）

貧困と相談援助活動の原点

　本書が取り上げる第1のテーマは，貧困・生活困窮者支援サービスが多様化し，内容や経験が豊富化しているなかで，①それらがソーシャルワークに対して提起している課題を整理し，他方で，②ソーシャルワークが貧困・生活困窮者支援に果たす（べき）役割を明らかにするという問題である。この点では，第Ⅰ部の奥田知志氏の論稿が刺激的で，示唆に富む。相談それ自体を手段としてではなく目的として捉えており，相談援助活動の原点がそこに示されていると考えられるからである。続く髙橋尚子・郭　芳論稿および野村裕美論稿はその主張に論評を加えている。

　ちなみに，国立情報学研究所の学術情報データベース CiNii Articles によれば，貧困とソーシャルワークの両方をタイトルあるいはキーワードに含む論文は，2010年までで累計21にすぎなかったが，その後，2011年15，2012年6，2013年12，2014年2，2015年5，2016年10，2017年（6月まで）18と増えてきている。2010年まで少なかった背景は，ソーシャルワークが「貧困研究と結びつかない理由として，貧困の社会的要因や形成要因という『構造的』視点がみられないからではないかと考えられる」[大友 2012]。しかし，近年，「構造的視点」を組み込んだ上でのソーシャルワーク理論の構築が試みられつつある［埋橋 2017］。

　生活困窮者自立支援法が2015年4月に施行されたことが注目される。同法は「現に経済的に困窮し，最低限度の生活を維持することができなくなるおそれのある者」（法第2条第1項）を対象とする。

　生活困窮者支援の場では相談援助活動が活発に展開されているが，生活保護行政の場でのその活動はそれほど進展しておらず，また，それを扱う研究論文も少ない。現状は，〈金銭的支援の生活保護〉と〈相談援助の生活困窮者支援〉

というように，2つの制度が給付内容でも画然と区分されるような形となっている。こうした問題を抱えつつも，貧困問題の深刻化にともなって，相談援助活動の業務範囲が拡大しつつある。本書はそれをソーシャルワークの新展開ととらえ，今後の進むべき方向性を明確にしようと試みる。生活保護において相談援助サービスが拡大し，その一方で，生活困窮者自立支援サービスの窓口が生活保護の適用への窓口となることが今以上に拡大していけば，上で述べたような2つの制度が画然と区別されるような状況は改善されることになる。

家計相談支援をめぐって

　現在，生活困窮者自立支援法のもとで，全国の自治体において以下のような必須事業と任意事業が取り組まれている。
・必須事業（自立相談支援事業，住居確保給付金の支給）
・任意事業（就労準備支援事業，一時生活支援事業，家計相談支援事業，生活困窮世帯の子どもの学習支援），都道府県知事等による就労訓練事業（いわゆる「中間的就労」）の認定

　上の各種事業のうち，就労準備支援事業はパーソナルサポート事業やホームレス支援などの経験があるが，家計相談支援事業は今回はじめて法律に明記されたものであり，現在その必須事業化が検討されながらも参考にできる取り組み例が少なく，いわば試行錯誤の状態にある。

　本書が第2に光をあてようとするのは，この「家計相談支援事業」である。家計相談支援事業は国庫補助率2分の1の任意事業であり，そのこともあってほかの事業に比べて全国の自治体での実施率は低い。また，必須事業化が論議されたが2018年の改正では見送られることとなった。しかし，生活困窮問題の大部分が経済問題であることからしてこの家計相談支援の重要性は否定できない。

　各自治体で「家計相談支援は何をゴールにしてどのように進めるか」「自立相談支援との関係をどう考えるのか」や「この業務に携わるスタッフの資格や研修をどのように手配すべきか」などの課題が浮上している。本書はこうした問題に関係する豊富な実践と地道な研究にもとづく論稿を配置している（第Ⅱ部の行岡みち子，有田　朗，鵜浦直子，櫻井純理，垣田裕介の各論稿）。

子どもの貧困とソーシャルワーク

　本書が扱う第3のテーマは，学校ソーシャルワークおよび保育ソーシャルワークであるが，これらは子どもの貧困との関係で近年注目が集まってきている。学校や保育所・幼稚園は，早期から子どもの貧困を発見し，然るべき対応をとることを期待されつつも，実際は学校における「貧困の不可視化」などもあり，十分な成果をあげているとはいいがたい。

　スクールソーシャルワーカーの配置のための予算措置が取られるようになってきたが，量的にはまだ不十分で，また，内容的にも「何が学校・保育ソーシャルワーカーの仕事内容なのか」「教員・保育士との分業・協働関係はどのようにあるべきか」などの問題はまだ明らかになっていない。本書の第Ⅲ部（門田光司，石田慎二，田中聡子，倉持史朗の各論稿）がこの問題に迫る。

本書の構成と論点

　本書は，①「伴走型支援」の内容，②家計相談支援の意味と方法，③学校ソーシャルワークの背景と機能，④保育ソーシャルワークの今後の方向性など，生活困窮者および（子どもの）貧困に関するホットイシューズを取り上げている。以下では，それぞれの論点を簡単に紹介する。

　①　「伴走型支援」の提唱者である奥田知志氏によると，相談そのものが目的であり，就労自立などのいわゆる「出口」を設けないことが重要であるとのことである。「存在の支援」がその眼目である。この主張はたいへん刺激的である。相談支援サービスに関わる人に対するインパクトが大きいに違いない。相談援助業務に携わる人々に改めて自分たちの仕事の重要性を気づかせる。その一方で，相談支援を求める人たちのニーズがさまざまであることを確認する必要がある。あるいは，「公的」機関が支援を行う場合，段階的な「自立」に向けた目標設定が，幅広い世論や行政の支持を得るためには必要かもしれない。支援団体の性格によって「伴走型支援」のとらえ方が異なってくることが予想され，このことが支援活動の多様化につながっていく。さらに，「出口」を相談者自身が設定することは可能なのか，もし「出口」がない場合，「援助者―被援助者」の関係はその限りでずっと続いていくものか，などの論点が浮かび上がる。

②　家計相談支援をめぐっては行岡みち子氏が所属しているグリーンコープを中心にして貴重な経験が積み重ねられている。ここでの論点は，相談支援一般や就労自立支援と家計相談支援との関係をどのようにみるかである。つまり，相談者の多くは家計，経済的な問題を抱えており，相談の当初から家計相談も併せて実施すべきではないかという論点である。もうひとつは，収入が限られている場合，家計相談支援が支出の一方的な切り下げを誘導することにならないかという論点である。特に家計相談支援のみが他の相談と切り離されて独り歩きした場合にその恐れがある。この論点に関しては，支出をめぐる問題がある場合にそれを相談者が気づき，納得して家計のやりくりを自分から変えていくという，慎重な取り組みが求められるであろう。

　③　学校ソーシャルワークは「子どもの貧困」の深刻化，顕在化にともなって注目され，学校現場でもその人的配置と充実に向けての要望がある。スクールソーシャルワーカーの仕事の性格や教員との関係についてはいくつかの異なる見解があるが，私は，スクールカウンセラーは「家庭訪問」する必要はなく学校の一室で児童・生徒の来訪を「待つ」姿勢が求められると考える。それとは反対にスクールソーシャルワーカーは，積極的に各家庭に出かけ子どもの親との太い接点をもつべきである。もちろん，いわゆるコミュニティ・ソーシャルワーカーと異なって，「子どもの健全な発達と勉学条件」の確保を目的とするのであるが，それに影響を及ぼす「親が直面している課題」にも相談に乗り，必要な措置や手続きなどをサポートすべきではないか。つまり，スクールソーシャルワーカーは「家庭，地域のなかの子ども」を中心に考え，その限りにおいて「親が直面している課題」にも対応せざるを得ない。アウトリーチの意義はそこにあるのではないか。

　④　保育ソーシャルワークは，地域の保健活動と並んで「子どもの貧困」を最初にキャッチして早期の対応策を講じることができるチャンネルとして，注目が集まってきている。保育ソーシャルワークの仕事を誰が担い，その仕事を担う人材をどのような機関に配置するかといった「人的養成・配置」問題を解決していく必要がある。学校ソーシャルワークでも同じ問題があるが，学校や保育所のなかにソーシャルワーカーを配置するのがいいのか（チーム学校，チーム保育所），それとも，市町村に「市区町村子ども家庭支援拠点」を設け，そこ

が中心になって地域内の保育所のソーシャルワーク機能を果たしていくのがいいのか。予算や資格制度，実現可能性や実現されたときの効果，教員や保育士，ソーシャルワーカーの労働負担など，総合的な観点からの検討が必要とされる。

　本書は下記の２つのセミナーの講演記録をもとに編集された，現場第一線の実践家と研究者の共同作品であり，実践と研究双方に大きな刺激と有益な示唆を与えることが期待される。
１）奥田知志「問題解決しない支援—困窮者支援における伴走型支援とは」ケアカフェ全国大会オープニング・ナラティブ（於・同志社大学，2018年１月13日）
２）同志社大学社会福祉教育・研究支援センター主催「開設10周年記念連続公開セミナー」（2017年６月17日 有田　朗氏，７月８日 鵜浦直子氏，７月15日 門田光司氏，７月22日 石田慎二氏，８月５日 行岡みち子氏。チラシ（http://gpsw.ac.jp/pdf/s_170617.pdf）を参照のこと）

　　大友信勝（2012）「2011年学会回顧と展望—貧困・公的扶助部門」『社会福祉学』（日本社会福祉学会）Vo.53-3
　　埋橋孝文（2017）「2016年学会回顧と展望—貧困・公的扶助部門」『社会福祉学』（日本社会福祉学会）Vo.58-3

第 I 部

問題解決しない支援

第Ⅰ部　問題解決しない支援

困窮者支援における伴走型支援とは

奥田知志（東八幡キリスト教会牧師，NPO法人抱樸理事長）

　皆さん，おはようございます。奥田知志です。キリスト教会の牧師ですが，ホームレス支援や困窮者支援などを行っています。1988年に活動を始め，30年になります。

　私たちのような，いわゆる「問題解決型のNPO」はある意味で「宿命的な矛盾」を抱えています。つまり，このような活動が不要な社会こそが良い社会であって，NPOが頑張れば頑張るほど自らの存在を不要化していくという矛盾です。理想を言うと，特別な組織や仕組みがなくてもよい，たとえば「社会保障」などと頑張って言わなくても，あるいは「専門職の養成」など考えなくてもなんとか生きていける地域を創ることができれば一番いいわけです。2000年に任意団体からNPO法人となりました。その発足集会における私の理事長就任挨拶は，「一日も早い解散を目指し頑張ります」でした。あれから18年になります。残念ながら解散できないな，と思っています。

　現在の問題は，景気の良し悪しではなく，それまでの社会構造が変化したことにあります。つまり，貧困や格差は，一時的な現象ではなく，今日の社会においては常態化したということです。となるとなかなか解散できない。それに対抗できるもうひとつの社会，オータナティブな地域を構築することが重要となります。5年前に団体の名称を「抱樸（ほうぼく）」に変更したのも，そのような事情からです。それまで「NPO法人北九州ホームレス支援機構」と名乗ってきました。「解決すべき課題」が名称そのものとなっていました。「抱樸」は，常態化する貧困と格差，孤立が進む現状のなかで，では私たちはどのように出会い，共に生きていくのかということを示す，すなわちこれからの社会のあり方について，私たちの考え方を示す名前として決めました。

　「貧すれば鈍する」ということも確かにあります。でも「貧すれば考える」「貧

すれば出会う」ということもある。この危機的状況を新しい社会創造のモーメントにしたいと思います。

　今日は、そのような活動のなかで考えてきたことをお話しします。それは「解決しない支援」ということです。

　これまでの支援現場や国が進める困窮者支援とは少し違った位相というか、別の現実があるように感じることが多々ありました。これまでは「問題解決」あるいは「早期解決」が第一に求められてきたように思います。「問題や困難はなるべく早く解消した方がよい」ということは必要です。しかし、「その問題解決が『問題解決』になるか」「そもそも問題は解決するのか」と考える場面が確かにあったように思います。これらの問い自体が間違っていると言われそうですが、その問いを無視することはできないと思います。

　「問題を早急に解決しなければならない」は、支援者にとっても、いや、何よりも当事者にとって、大きなプレッシャーだったように思います。問題解決の重要性とともに、問題を抱えつつ生きていける社会や人との関係の構築を考えることは、実は現代社会、特に今日のような不安定な社会においては重要だと思います。

　厚生労働省は、リーマンショック（2008年）や年越派遣村（2008年12月31日～09年1月5日）以後、新たな「困窮者支援制度」を模索してきました。2010年あたりから個別支援をめざす「パーソナル・サポート・サービス事業」が議論され、その後「生活困窮者自立支援制度」が2015年に施行されたわけです。私も一連の制度設計に関わってきました。現在施行後3年を迎えた「生活困窮者自立支援制度」の見直しが社会保障審議会の部会にて行われており、私も委員参加しています。この制度は、従来の縦割りを超えることを基本理念としていますが、これは大変重要なポイントです。一方で相談支援においては、やはり従来型の「問題解決」あるいは「早期問題解決」が基本コンセプトになっていると思います。私のNPO法人〈抱樸〉もこれらの事業を行政から委託されていますが、「問題解決だけ」に特化することの「弊害」も現場ではしばしば見てきたように思います。

　そこで今日は思い切って「問題解決しない支援」を考えたいと思います。「問題解決だけが出口ではない」、あるいは「そもそも問題は解決しなければなら

ないのか」などと物騒なことを考えたいと思います。

1　「抱樸」とは

「北九州ホームレス支援機構」から「抱樸」へ

　今年（2017年）29年目を迎える活動ですが，ホームレス状態からアパートを設定した方が3000人を超えました。自立支援施設において半年間のプログラムを実施し，居宅設置に至るケース，つまり自立率は93%となっています。その後，地域での生活継続率が92%。ホームレスの場合，「生活保護受給による自立」だと思われていることが多いのですが，58%は就労自立です。ただ，障害のある方が多く，知的障害を中心に精神や依存症の方を含めると4割以上が障害者です。半就労・半福祉（就労による収入と生活保護による補足）などを含めて上記の58%という就労自立率となります（資料1参照）。

　私たちは「出会いから看取りまで」というトータルサポートを実施してきました。30年を経た昨今は，お葬式をする場面が増えました。この点，牧師でよかったと思います。「自立支援」以上に，「人生支援」というか，切れ目のない付き合いが重要だと考えてきました。「自立支援」は，ひとつの局面にすぎません。いわば「点」の支援です。葬儀の多くは教会で行われます。ホームレス状態の場合，路上で亡くなると7～8割が「無縁状態」となり家族の元には戻れません。自立した方でも家族がお葬式をするのは5割に留まります。私の教会の納骨堂には100体ほどの遺骨を引き受けています。しかし，これらの方々は決して「無縁仏」ではありません。残念ながら家族の元には戻れませんでしたが，看取り，見送る人は確かにいました。

　活動は，北九州市，福岡市，中間市，下関市の4つの市で実施しています。NPO団体としては随分大きくなり，職員数は正規職員が67名，パート等入れると100名を超す世帯となりました。経営の経験などない人が，気持ちだけで始めた活動です。お金にはずっと苦労しています。そもそも制度から漏れた人々を対象に活動してきましたので，保険収入や補助金などほとんどありません。年間3000万円程度の寄付を集めなければ活動継続が難しい。それで私自身も応援団を得るために全国を走り回っています。

資料1　NPO法人〈抱樸〉概要（2018年4月現在）

- 活動開始　1988年（30年目）
- ホームレスからの自立　3000人
- 自立達成率　93％（6カ月の自立プログラム）
- 生活継続率　92％
- 就労自立率　58％
  ＊17部署により包括的総合的支援を実施
- 生活サポート実施　約2000名
- 拠点　北九州市・下関市・福岡市・中間市
- 有給職員　104名＊（正規職員67名）
- 登録ボランティア　約1500名
- 互助会　約270名（当事者約150名）

■職員比率

	正規	パート	全体
有給職員（人）	67	37	104
うち，ケア付き就労（人）	5	11	16
ケア付き就労の割合（％）	7.5	29.7	15.4

　地域で長くやってきたので，ボランティア登録している市民が1500名以上います。このなかにはホームレスから自立した方々もおられ，今度は支援側に回っておられます。さらに，5年前から「互助会」が発足。支援する側，される側を乗り越えて，相互的な地域づくりをめざしました。互助会員は，毎月500円の会費を納入し活動を支えます。現在，約270名が会員になっています。そのうち，自立者は150名です。彼らは互助会のなかに当事者組織「なかまの会」を結成し，ピア活動も展開しています。日ごろの訪問活動やお見舞い，バスツアーなども企画しますが，互助会の最大の役割は，やはり葬儀です。互助会がない時代は，牧師や教会がボランティアで葬儀を担当していましたが，「自分たちでやろう」ということになり互助会が主催し，会費から葬儀費用を捻出しています。最近は，互助会から依頼を受けて牧師役をしますので，1回5000円の謝金がもらえます。受け取ることにしています。それは彼らの主体性に関わることだと思っています。

　資料1に職員比率の表がありますが，私たちは困窮者に向けた就労支援を行う一方で，NPO自体で雇用を生み出すことをめざしてきました。すでに100名以上が働く職場となっていますが，そのなかでさまざまな事情を抱える人々を一定数雇用できればと考えてきました。ホームレスから自立した人，精神障害がある人など，ある程度ケアが必要な職員をいわゆる「障がい就労」ではない形で雇用できるかに挑戦しました。目標は全体の30％としましたが，現状で

は15.4％，正直なかなか難しい。せっかくのNPOでの雇用，しかも，困窮者支援のNPOの雇用なんだから，生産性とか効率性に偏重しないようにしたいと思っています。100人スタッフがいると15人ぐらいはみんなでカバーできる。そんなふうに言うと，「結局は効率性に囚われているんじゃないの」と言われそうですが，それだけではなく，最初からみんなが同じではないことを前提とした職場になればと願っています。

〈抱樸〉には，現在17の部署があります。困窮状態にある人は，なかなか自分から「助けて」と言えない，つまり孤立状態にある人が多いので，「訪問型」の活動をしている部署が多いのも〈抱樸〉の特徴です。施設（共同住宅）の運営もしていますが，原則は「施設収容型」ではなく，地域を最大の受け皿と考えて，個々人の生活にどのようにコミットしていくかを考えてやってきました。

3つの活動理念

〈抱樸〉には，3つの活動理念があります。第1の理念は困窮概念についてですが，あとでも出てきますのでその時に説明します。第2の理念は「包括的個別支援」ということです。つまり，「人を属性でみない」ということ。NPOの強みは，制度に縛られない，あるいは制度の縦割りを超えることにあります。これまで多くの場面で対象者を「制度に当てはめてみる」ということがなされてきたと思います。「知的障害B2の〇〇さん」，「要介護3の〇〇さん」，さらに「シングルマザーの〇〇さん」とか。人を制度や属性で認識するのではなく，「その人として出会うこと」が大事だと考えます。その具体的なひとりの人の中に，いろいろな苦難や課題があるわけです。人中心だということです。

名前のある個人と出会う。その人の中にいろんな課題や困難が存在します。その出会いのなかで「こういう仕組みが必要だ」とかを考えていくうちに，どんどん組織が大きくなって17部署にもなったわけです。最初に「わが団体は障害福祉事業をやります」と決めてしまうのではなく，1人との出会いが活動を構築してきました。子どもの貧困問題が議論されて久しいですが，〈抱樸〉でも子どもの支援を5年前から始めました。子どもだけを集めて食堂をしたり，

学習塾のようなことをすることも大事ですが，一方で子どもの貧困は世帯の貧困であり，多くは親の問題と言えます。それで〈抱樸〉では，子どものみならず世帯をも対象とした「子ども家族まるごとプロジェクト」という事業をしています。

　第3の理念は，相互性の重視です。「助ける人」と「助けられる人」を固定化しないということ。「助けている人」は，いつも元気です。「よいことをしている」と思っているから「いいですよ，いいですよ」と調子が良い。だけれど「助けられている側」は，最初は「ありがとう，すいません」と言っていますが，いつも「すみません」と言わされる人生というものは，どうなんだと思います。いかに相互的にやっていけるかが勝負です。互助会ができたのもそのようなことからです。

　また，民間事業者間の仕組みづくりもけっこう熱心で，今日は時間がありませんから紹介できませんが，たとえば不動産屋さんと連携した支援も行っています。ホームレスですから，アパート設定はどうしても必要です。不動産屋さんと連携することで，不動産屋さんにも日常生活の見守りをお願いする。その代わり，こっちはお客さんを紹介することで，お互い Win-Win でビジネスになればいいということでやっている。年間200件くらいアパート設定します。仲介不動産業でいうと，最低でも1件で5万円ぐらいの収入になりますから，200件で1000万円のビジネスになるということで，いかに相互性のなかで社会的なビジネスモデルをつくるかも，私たちの課題でした。

抱樸の意味

　抱樸という言葉の説明をします。これは元々は中国の老子の言葉です。「樸」は，原木や荒木という意味です。原木をそのまま抱く。それが抱樸です。老子は「ありのまま」「自然のまま」に生きるという意味で使っているようですが，私たちは現場の経験から少々意味を付加しました。

　第1の意味は，条件を付けないということです。山から切り出された原木が製材所で整えられたら引き受けるというのではなく，そのまま，ありのままを抱くということです。日本の社会保障制度の多くが申請主義を前提としています。「困ったら自分自身で申し出なさい」ということになっている。しかし，

実は，申請してこない人が最も困窮しているというわけです。だから一番困っている人は，なかなか支援の対象にならない。「なんでもっと早く相談に来なかったの」と言いたいのはやまやまだけど，相談に来ない人を困窮者といいます。だったら，こっちから出かけて行って（アウトリーチ），そのままで会うしかないわけです。

　第2に大事なのは，原木には可能性があるということです。支援現場では，しばしば「専門家による支配」が問題になります。いわゆる「パターナリズム」の問題です。通常「父権主義」と訳されますが，昨今では「温情的庇護主義」ともいわれます。かつて父親が「家族を守るのは俺だ」という思いで家族を庇護しようとした結果，家族を支配してしまうということです。あるいは，昔のお医者は，患者から「先生，その薬はなんの薬ですか」と質問された時，「そんなことはお前は知らなくていい」と言ってしまう。専門家が当事者を素人扱いしたり，単なる無知な存在ととらえるということが起こります。確かに，患者は医学の専門知識をもっているわけではないのですが，自分の痛みを一番知っているのは，やはり患者本人です。にもかかわらず，専門家は自分がすべてをわかっている，あるいは自分がわかっていればよいと思っている。さすがに医療の世界では，それはまずいということになり，今日ではセカンド・オピニオンやインフォームド・コンセントなどが前提となり，患者自身が決断できるようになりました。この点では，困窮者支援や福祉の世界は，まだまだ課題があるように思います。

　このようなパターナリズムに対抗したのが，当事者主権や当事者主体という考え方です。北海道の「べてるの家」の当事者研究は有名です。「べてるの家」の「私が私の専門家」は象徴的な言葉だと思います。当事者の主体性が重要であることは言うまでもありません。

　しかし，当事者の主体性を重んじるということも，そう単純ではありません。「本人の意思を尊重した」というだけならば，専門家は不要です。あるいは，そうすることで専門家は無責任になり，最終的には「選んだ当事者の自己責任」ということにもなりかねない。

　〈抱樸〉では，「答えは間にある」と考えてきました。「当事者の主体」といっても，実はその肝心の当事者が自己理解において課題を抱えていることが少な

くありません。自分の状態がわからない最大の理由が、社会的に孤立しているということにあります。人は他者を介して自己を知ります。孤立状態にある人は、この他者性を失っているゆえに、自己認知に問題を抱えています。この間、路上で出会った若者に声をかけると「大丈夫です」という答えが返ってきました。なかには、「ホームレスと思われたくない」というプライドがそう言わせているケースもあります。しかし、一方で、本当に「大丈夫」と思っている人もいました。こちらからすれば、もう大変な状態になっているとしか見えないのですが、本人は「大丈夫」と胸を張る。これは見栄を張っているのではなく、本当に「わかっていない」のだと思います。ですから、出会いとやり取りが必要になります。答えは、専門家の中にも、当事者の中にもなく、両者の間にみえてきます。最終的に決断するのは当然当事者ですが、その前に関係の構築が必要となります。

　だからあまり焦らないことです。〈抱樸〉における伴走型支援には、「時間の概念」が必要です。「あなた、何がしたいの」とせっついても仕方がない。当事者主体だから「言いなさい」と言われても言えない。自分がわからないのだから。しかし、原木はいずれ、机になったり、椅子になったり、楽器になったりする時がくる。それまで、ゆっくり一緒に考えましょうよ、というのが伴走型支援です。

　抱樸の第3の意味として、絆は傷を含むということがあります。原木ですから、ささくれだったり、刺々しかったりしている。東日本大震災以後、「絆」ということが盛んに言われましたけれど、「絆」をひらがなで書いたら「きずな」です。これは単なる洒落ですが、上の2文字は「傷（きず）」という言葉です。人と人とが出会い、共に生きると必ず傷が生まれる。それを回避することを考えるより、それを前提に社会を再構築する。私は、社会とは赤の他人が赤の他人のために健全に傷つくための仕組みだと考えています。この傷を自己や身内に留めるともたない。社会とは、傷の再分配の仕組みなのです。傷つくけど死なない、このラインをどこで引くか。それが健全な社会だと思います。

　一方で、誰も傷まないための一番いい方法は何かを考える人が増えています。答えは、一切出会わないことです。一切関わらない。結果、社会は無用だということになります。しかし、実は、それをしてしまうと最終的には人は生

きていけなくなる。自分の安全を確保するために無縁化し，自己責任を追求し，結局，それが一番危険なことになります。現在の社会のあり方は，非常に矛盾を抱えているわけです。

　では，どんなふうにしてうまく出会うか。気持ちのいい，安全な出会いだけではダメで，原木を抱くような，ちょっと痛い出会いが必要になる。傷や痛みの再分配をどう考えるかが，実は社会の本質に関わるということです。

「抱樸館由来」

　抱樸の意味について，2007年に下関市に最初の抱樸館が誕生した際に書いた「抱樸館由来」を以下に紹介します。

抱樸館（ほうぼくかん）由来

　みんな抱（いだ）かれていた。眠っているに過ぎなかった。泣いていただけだった。これといった特技もなく力もなかった。重みのままに身を委ね，ただ抱かれていた。それでよかった。人は，そうしてはじまったのだ。ここは再びはじまる場所。傷つき，疲れた人々が今一度抱かれる場所——抱樸館。

　人生の旅の終わり。人は同じところへ戻ってくる。抱かれる場所へ。人は，最期に誰かに抱かれて逝かねばなるまい。ここは終焉の地。人がはじめにもどる地——抱樸館。

　「素を見し樸を抱き」——老子の言葉。「樸（ぼく）」は荒木（あらき）。すなわち原木の意。「抱樸」とは，原木・荒木を抱きとめること。抱樸館は原木を抱き合う人々の家。山から伐り出された原木は不格好で，そのままではとても使えそうにない。だが荒木が捨て置かれず抱かれる時，希望の光は再び宿る。

　抱かれた原木・樸は，やがて柱となり，梁となり，家具となり，人の住処となる。杖となり，楯となり，道具となって誰かの助けとなる。芸術品になり，楽器となって人をなごませる。原木・樸はそんな可能性を備えている。まだ見ぬ事実を見る者は，今日，樸を抱き続ける。抱かれた樸が明日の自分を夢見る。

　しかし樸は，荒木である故に少々持ちにくく扱い辛くもある。時にはささくれ立ち，棘とげしい。そんな樸を抱く者たちは，棘に傷つき血を流す。だが傷を負っても抱いてくれる人が私たちには必要なのだ。樸のために誰かが血を流す時，樸はいやされる。その時，樸は新しい可能性を体現する者となる。私のために傷つき血を

流してくれるあなたは,私のホームだ。

　僕を抱く――「抱樸」こそが,今日の世界が失いつつある「ホーム」を創ることとなる。

　ホームを失ったあらゆる人々に今呼びかける。「ここにホームがある。ここに抱樸館がある」。

2007年4月7日
NPO法人北九州ホームレス支援機構（当時）
理事長　奥田知志

2　今日,困窮とは何か

困窮者支援における2つの困窮概念――ハウスレスとホームレス

　支援現場において重要なのは,困窮をどうとらえるか,すなわち困窮概念です。これが第1の理念です。自立支援の結果,ホームレスの数は確実に減っています（資料2参照）。今でも,「ホームレスは働く気がない人々」あるいは「好きでホームレスをしている」と言われます。しかし,全体の9割以上が自立し,約6割が就労する現状は,一般の認識が誤りであることを示しています。このグラフで特徴的なのは,1997年から98年にかけての変化です。北九州において,この時期ホームレスが100名以上増加しますが,1997年は,アジア通貨危機が起こり,国内では山一證券が倒産し,北海道拓殖銀行が破たんしています。また,自殺者数が3万人を突破したのもこの時期です。ホームレスは,個人の問題ではなく,社会的現象であることがわかります。自己責任では,片づけられないということです。

　さらに,ホームレス状態の50人を無作為に選んでホームレスになった要因を分析した調査があります（資料3）。最も大きな数値は50人中46人,つまり9割以上が「相談できる人がいない」と答えています。彼らはホームレスになる前に孤立していたといえます。さらに,ホームレスになる前に生活保護や年金,障害者手帳など,制度につながっていなかった人が25人,半数となります。しかし,逆からみると,半数は何らかの制度につながっていたといえます。制度だけではホームレス化が阻止できないということだと思います。

　私たちは,活動開始後,比較的早い時期にホームレス状態の人々が抱える困

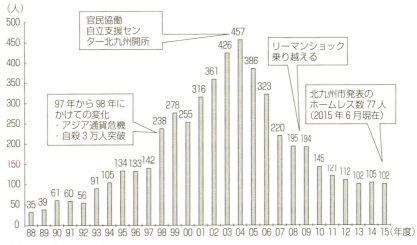

資料2 北九州のホームレス人数の推移

出典：NPO法人〈抱樸〉調べ

窮を2つの面でとらえてきました。30年が経ち，今の日本社会全体にも当てはまる困窮概念であると思います。2015年に施行された生活困窮者自立支援法の基本概念もこの2つの困窮であるといえます。

　そのひとつが経済的困窮であり，もうひとつが社会的孤立です。しかも，その両者がスパイラルしているのが現代社会であると考えています。

　野宿状態の人が何よりも困っているのは，家，すなわちハウスの確保です。私たちは，ハウスを家に象徴される経済的，物理的必要と考え，それが満たされない状態をハウスレス状態と呼ぶようにしました。ハウスレスは経済的困窮状態を指し，家がない，仕事がない，お金がない，逆に借金はある，そんな状況です。これをどう解消するかがハウスレス支援ということになります。

　自立しアパートに入居される。仕事も決まった。訪ねていくと隔世の感がある。しかし，アパートの中にひとり座っておられる姿は，野宿時代に駅の通路で段ボールの上にひとりで座っておられた日の姿と何も変わっていないように見受けられました。何が解決できて，何が解決できていないかを問われました。野宿時代に「畳の上で死にたい」とおっしゃった。その後，アパートに入居され，「畳の確保」はできたわけです。これで安心と思いきや，次におっしゃ

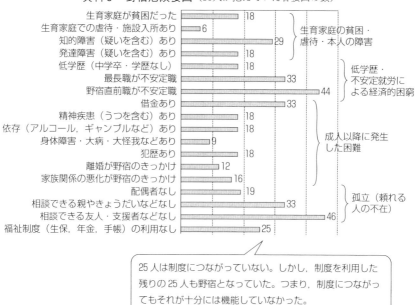

資料3 野宿危険要因 (50人が抱えていた各要因の数)

出典：中間あやみ（2015）「ホームレス対策の対象者の実態と支援内容、地域生活の支援課題」大分大学大学院福祉社会科学研究科修士学位論文

るのは、「俺の最期は、誰が看取ってくれるだろうか」ということでした。そこには、ハウスの問題とは別のもうひとつの問題がありました。それは、「誰が」という問題。すなわち、これまで家族や友人、あるいは地域や職場が担ってきた関係の基礎、ホームと呼べるものが欠落しているという問題です。私たちは、そのようなホームの喪失、すなわち社会的孤立状態を「ホームレス状態」と呼びました。ハウスとホームは違う、ということを基本に据えたのでした。

ホームの喪失は、単に「寂しい」というような心情的問題ではなく、その人にとっての「安全基地」の確保であったり、あるいは具体的な「セーフティーネット」としての機能を果たしてきたものを失っていることを意味します。資料3では、野宿直前、誰にも相談できなかった人が9割を超えていましたが、その時点で相談できなかったことが、その後の経済的破綻に直結したと思います。最終的な経済的困窮（ハウスレス）に陥る前に社会的孤立（ホームレス）は

始まっていたといえます。

　経済的困窮（ハウスレス）に関しては，「この人に何が必要か」がテーマになります。仕事，生活保護，携帯電話，弁護士など，具体的な「何か」を手当しなければなりません。

　一方で社会的孤立（ホームレス）に関しては，「この人には誰が必要か」ということが問われます。皆さんがめざしておられる「カフェ」は，場所や情報であるとともに，「人」そのものなのだと思います。私がケア・カフェの集会に呼ばれた理由はそのあたりにあるのだと理解しています。

参加と自立の関係

　「参加と自立」ということは重要です。今日，生活困窮者の支援に留まらず福祉分野全体で「自立支援」がテーマとなっています。「自立」は確かに大事です。しかし，その前に「参加」ということがあると思います。これまで「参加」に関しては，「自立した人が社会参加できる」「社会参加するためには，まず自立しなさい」といわれてきました。しかし，本当にそうなんだろうか。〈抱樸〉や伴走型支援の場合は，その逆だと考えているわけです。「参加は自立の前提だ」と。「人は，なんのために働くのか」ということは重要です。自立支援の場合，「人はどうやったら働くことができるか」が第一に問われます。しかし，そのことを追求するためにももっと大事なことは「人は誰のために働くのか」ということだと思います。孤立していては，「誰のために」と考えること自体が難しい。働く前提に社会参加がある。その出会いのなかで私たちは意味づけられていくのだと思います。「参加」が脆弱になると，就労の意義や動機が失われ，その結果働くことができなくなる。だから，社会的孤立という問題は，大変重要な問題です。

　このハウスとホームの違いを教えてくれたのは，野宿当事者でした。もう30年近く前になりますが，ある野宿のおじさんが深夜に中学生らからひどい襲撃を受けていました。被害者であるその方が相談に来られました。学校などに申し入れを行ったりしていましたが，被害者であるおじさんがその時，こうおっしゃったのです。「襲撃を止めて欲しい。でも夜中の1時2時に中学生がホームレスを襲いに来るというのは，あの子らは，家があっても帰るところがない

んじゃないか。親はいても，誰からも心配されていないじゃないか。誰も心配してもらえない人の気持ち，帰るところのない人の気持ちは，おれはホームレスだから，わかるけどな」。

　私は当初，ホームレスのおじさんと襲撃する中学生は全然違うと思っていました。中学生は家に住んでおりハウスレスではない。一方，おじさんは野宿です。中学生には家族はいます。おじさんは独りぼっち。しかし，このホームレスのおじさんは，「帰るところがない」「心配してくれる人がいないというのは，ホームレスである自分と同じだ」と言うわけです。中学生とおじさんは，「ホームレス」という同じ苦難のなかにいたということになります。あれから30年。この路上の風景は，日本中に広がっている感じがしてなりません。

貧困のスパイラル（社会的孤立と経済的困窮）

　資料4はOECDが出している相対的貧困率です。日本が16.1だったとき，アメリカは17.1。相対的貧困率では，日米であまり差はありません。

　一方で，同じOECDが出している社会的孤立に関する調査結果を見ていただきたい。「日ごろ誰とも付き合わない，滅多に付き合わない」率です。アメリカが3.7％であるのに対して，日本は17％です。アメリカと日本では，4.6倍も日本のほうが孤立していることになります。アメリカは，金はないけど友だちがいる社会。一方，日本は，金もないが，友だちもいない社会であるとい

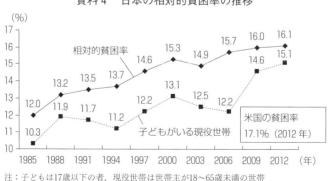

資料4　日本の相対的貧困率の推移

注：子どもは17歳以下の者，現役世帯は世帯主が18〜65歳未満の世帯
出典：厚生労働省「平成25年国民生活基礎調査の概況」

えます。この2つの貧困に対して同時的に取り組む仕組みが日本には必要だといえます。

しかも、問題は、これら2つの困窮が相互にスパイラルしていくということです。貧困のスパイラルで有名なのは、「生活保護の世代間スパイラル」です。生活保護世帯の4世帯に1世帯が世代間スパイラルを起こしています（道中隆(2007)「保護受給層の貧困の様相」『生活経済政策』No.127）。

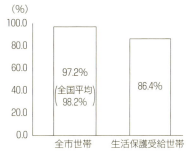

資料5　北九州市の高校進学率

出典：北九州市保健福祉局保護課

私は、一方で、もうひとつのスパイラルを考えます。経済的困窮（ハウスレス）が社会的孤立（ホームレス）を生み出すということであり、また、その逆です。

まず、経済的困窮が社会的孤立を生むということです。「金の切れ目が縁の切れ目」といいますが、まさにそうです。資料5は、北九州市の全世帯の高校進学率と、生活保護世帯の高校進学率を示しています。保護世帯が10ポイント以上低くなっています。明らかに経済的困窮が高校進学という社会的参加を狭めていることがわかります。

次の資料6の①は正規雇用と非正規雇用の賃金差です。正規雇用の男性の場合、平均年収は521万円、非正規だと226万円に下がります。女性の場合、正規雇用で350万円。女性の活躍という割には男女でこれだけ差があります。

資料6の②は就労形態別の男性の既婚率です。グラフの一番右が30歳のラインになります。太い実線が正規雇用の既婚率です。30歳時点で57.1％。細い実線は非正規雇用ですが、30歳時点での既婚率は24.9％となります。正規雇用と比較すると、非正規雇用は収入が半分以下、既婚率が半分以下となります。私は「結婚しろ」「子どもを産め」と言いたいわけではありません。しかし、人口減少社会がこれだけ大きな問題になっているのなら、この雇用の問題をキチンとやらなければならないと思います。でなければ「金の切れ目が縁の切れ目」ということが起こります。

資料6　正規雇用と非正規雇用の賃金格差と社会参加

①正規雇用と非正規雇用の1人当たり平均給与

	平均給与	うち正規	うち非正規
計	408万円	468万円	168万円
男	502万円	521万円	226万円
女	268万円	350万円	144万円

出典：国税庁「民間給与実態統計調査」（2012年）

②就労形態別配偶者のいる割合（男性）

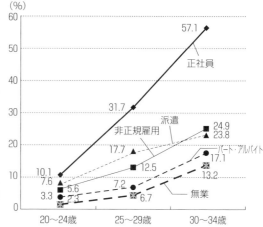

出典：労働政策研究・研修機構「若年者の就業状況・キャリア・職業能力開発の現状」（2009年）より作成

　もうひとつの貧困のスパイラルは逆パターンです。つまり，「縁の切れ目が金の切れ目」ということです。今度は，社会的孤立が経済的困窮を生み出すということです。私と一緒に活動している自立者のNさんという人がいます。〈抱樸〉がたちあげた「生笑一座」という活動があります。「生笑」とは，「生きてさえいればいつか笑える日が来る」という言葉を縮めたものです。これは，5人の元ホームレスが自分たちの経験を子どもたちに話し伝えるという一座で，現在，全国で公演活動をしています。

　ある時，Nさんが公演先で小学生から尋ねられました。「おじさん，どうして野宿になった？」と。Nさんは次のように答えました。

　「結婚して子どもができて，子どもが2歳のとき妻が失踪した。父ちゃん，タバコを買いに行ってくると言って，あれから40年帰ってこないけど，うちの母ちゃん，どこまでタバコ買に行ったんかな。仕方なく，子どもを連れて実家に戻って，おばあちゃんに子どもをお願いして，自分は長距離トラックの運転手をしていた。息子が18歳になったとき，おばあちゃ

んが病気で亡くなった。その後，段々と家は，ゴミ屋敷みたいになっていき，ふっと気がついたら今度は息子もいなくなっていた。その日，もうどうでもいいやと思った。おじさんね，かっこいい言い方だけど，それまで家族を養っていたと思っていた。だから頑張って働いた。でも，母ちゃんがいなくなって，おばあちゃんが死んで，息子もいなくなったら，もうどうでもいいやと思ってしまった。もっているお金が全部小遣いに見えた。それから1年もたたないうちに，大家さんから追い出されて野宿になった。」

　人は，なんのために働くのかを考えます。お金のためでしょうか。食べるためでしょうか。そうではなく，すでに述べたように，人は誰かのために働くのだと思います。その動機を与えてくれるのは，家族であり，誰かの存在です。この関係が脆弱，あるいはなくなると働くことが難しくなる。社会的孤立が経済的困窮を引き起こすというスパイラルが起こるわけです。ですから，経済的困窮が社会的孤立を生み，社会的孤立が経済的困窮を生むというスパイラルが現在の社会において起こっているといえます。

物を物語に変える支援
　人は何のために働くのか。「食うためだ」と言います。ホームレス支援30年になりますが，餓死した人をほとんど見たことがありません。今の時代は，残飯でも何でも，結構食べられる時代です。にもかかわらず，毎週金曜日の炊き出しに多くの人が並びます。
　面白いのは，東京の野宿者も，大阪の野宿者も，そして九州の野宿者も，自分たちの食事のことを"餌取り"といいます。私は「人間の食べ物だから餌って言わないで」と言うけれど，彼らは「いや，餌だ」と言います。理由を尋ねると「ゴミ箱あさってるのは，イヌ，ネコと一緒。だから餌」とのことでした。
　しかし，炊き出しに並んだ人にもらった物を「これ何？」と尋ねると「これはお弁当」と言う。彼らは，餌と弁当を使い分けている。食べ「物」ということでは，両者はあまり変わらない。しかし，この「物」に人が関わることで，「物が物語化」されると思います。伴走型支援とは，物を物語に変える支援で

す。物だけではもたないのです。物に人が関わることで物に「あなたには生きてほしい」「あなたに会いたい」「あなたと一緒に生きたい」という思いや物語が生まれる。彼らは、食べ物を得るとともに、物語に参与するために夜の公園に並ぶのだと思います。

　社会とは物語への参与そのものです。反対に、社会排除とは物語から下ろされることを意味します。社会という舞台にいる限りは、役割があって、セリフがあって、自分のやるべきことがはっきりしている。でも、そこからいったん社会排除されたら、もう生きているのだか、死んでいるのだか、よくわからない状態になる。

　先のNさんの場合は、明らかに、妻がいて、おばあちゃんがいて、子どもがいて、働く意味を与えられていた。そこには、家族の物語が存在した。それらの人々がいなくなり、物語が無化することで、最終的に働く意味を失ったわけです。

　母子家庭への支援において、ダブルワークで頑張るお母さんが多い。朝、子どもと一緒に出かけ、夕方に一瞬帰ってきて、子どもとご飯を食べ、また夜の仕事に向かう。「食育」が重要であることは言うまでもありませんが、「食育」において「チンは駄目ですよ」とよくいわれます。「電子レンジでチンは駄目。子どもには手作りの物を食べさせましょう」と。そのとおりだと思います。でも、そうやって働いているお母さんを見ているとそうは言えない。子どもは大人になって、何と言いますかね。「うちの母ちゃん、ひどかった。いつもチンばっかり。いつもレトルトばっかり。コンビニばっかり。ろくな物を食べさせてもらえなかった」と言うでしょうか。私は言わないと思う。「もう何食べたか覚えていないけれども、誰と食べたかだけは忘れん。あれだけ忙しかった母親が、帰ってきて一瞬、一緒に食べて、また出て行った、自分たちのために。だから何を食べたか覚えていないが、誰と食べたかは忘れない」と言うと思います。

　伴走型支援は、物を物語に変える支援であり、それができるのは、人の存在だと思います。

3　伴走型支援とは

決定的な事件——西鉄バスジャック事件

　次に伴走型支援についてお話しします。伴走型支援は，1988年にホームレス支援が始まり，以来，路上での生活やその後の看取りまで続く営みのなかで生まれた支援論です。ですから，学者が豊富な知識を駆使して構築した体系ではありません。日々の経験が積み重ねられ，何よりも当事者から学ぶなかで澱が沈殿していくようにできた支援論です。

　私のなかで伴走型支援を考えた決定的な事件があります。2000年5月に発生した「西鉄バスジャック事件」です。それまで，漠と考えてきたことがこの事件をきっかけに一歩前に出たという感じです。

　これは，佐賀の国立の精神科病院に入院していた当時17歳の少年の事件です。この子は，中学時代にいじめられ，高校入学後も学校には行けませんでした。家庭内暴力が激しくなり，親はこの子を入院させたようです。その後，外出許可を得た少年は，佐賀発・福岡行きのバスに乗り込みました。1人刺殺し，その他にも負傷者が出ています。最後は広島で警察が突入し逮捕されました。バスに乗車後，「お前たちの行き先は天神ではない，地獄だ」と告げたと言われています。私は，この事件にも，この少年にも直接関わったわけではありませんが，その後の報道を見るなかで考えさせられた事件でした。朝日新聞が事件に関連する記事を連載しています。

　その記事のなかで，少年の母親がある大学教授に送った手紙の一部が公開されました。私はこの手紙を読んで，伴走型支援の確証を得たような思いになりました。

> 「いじめが原因で中学3年の夏ごろより荒れ始め，まるっきり違う人格のようになり，家庭内暴力になって，何か違う方向へ行く危険性もあり不安でした。
> 　親が気づいても病院の受診がない，診療したことがないからなどと断られる。医師，児童相談所，教育センター，教育相談所など，いろいろ回り

ましたが，動いてくださる先生は1人もいらっしゃらない。

　入院して20日あまり。まじめでおりこうさんを装っているとのこと。何を考えているのか，大きな不安に包まれています。入院当日，『おぼえていろよ，ただではおかないからな』という言葉が忘れられません。心が開けない状態で退院となれば，今まで以上に暴力がひどくなるのではと不安です。心の闇がもっと広がるような気もします。このまま自分を封じ込めた闇の中で一生を終わってほしくありません。

　しかし，一筋なわでいかない強さももっていて，繊細で，敏感で，私たちの行動を見抜いて動いているようなところもあります。入院先の先生にお任せするしかありませんが，退院後の不安が強すぎて力がわいてこないのです。」

切実な手紙です。私が最も痛い思いで読んだのは，次の部分です。「いろいろ回りましたが，動いてくださる先生は1人もいらっしゃらない」。実は私も3人の子どもがいまして，上の2人は不登校でした。だから，この母親の気持ちは痛いほどわかる。不登校児の親の率直な気持ちは，どこかにこの子を治してくれる先生はいないかということです。あるいは，元気になる薬はないかということです。今思うと馬鹿なことですが，その時は真剣にそう思い，情報を集め，あちこちに出向き相談していました。そういう親の思いからすると，この母親が第一に求めたのは，本心は，「治してくださる先生」ではないのか。しかし，この母親は「動いてくださる先生」と書いています。私は，ここに違和感をもったわけです。しかし，前後の母親の言葉を読んでいるとその事情がわかります。「一筋縄ではいかない，繊細で敏感で，こっちの動きを察している」。そういう難しさを何年も味わってきた母親が一番に求めたことは，「動いてくれる」誰かだったのです。現実は，簡単にはいかない，すぐには問題解決しないということをわかっていた母親は，「治してくれる先生」を求めながらも，しかし，まずは「動いてくれる先生」を求めた。それは，一緒になって右往左往してくれる人であり，一緒になって泣いてくれ，一緒になって怒ってくれ，一緒になって喜んでくれる，そういう先生，つまり，伴走してくれる人をこの母親は求めたのではないかと私は考えたのです。このお母さんにも一度も

お会いしたことはないので，本当のところはわかりません。しかし，この手紙が伴走型支援を私のなかで確信づけたのは，事実です。

一方で，もしも「治してくださる先生」と書かれていたら，私には関係ないと思っていたと思います。なぜならば，私は精神の医者ではないし，心理の専門家でもないわけです。そうではなくて，まず求められているのが，とにもかくにも「動いてくれる人」であるのなら，非常に傲慢な言い方だけれども，「私にもできる」と勝手に思えたのです。「誰でもできる」と。つまり，伴走型支援は，専門家による高度な支援技術ではない。いわば非専門家，庶民とでもいいましょうか，そういう素人が相互にできる支援だといえます。

ただ，実際やってみると結構大変です。でも，専門家だけが引き受けてきた「支援」という世界を庶民に広げることの意義は，今日の無縁化する社会において重要だと思いました。早々に問題解決できなくても，孤立させないことのほうが重要で，解決は後の話でいい。あるいは問題解決しなくても生きることができる社会や地域を創ることが重要です。それで，ともかく一緒に伴走することを基軸とした支援として，伴走型支援が生まれたわけです。

伴走型支援は，スーパーマンみたいな人が担うのではなく，素人が担うわけですから，チームやネットワークが勝負になります。「立ってる者は親でも使う」という感じです。

また，こういう考え方を広げようということで，私が代表をするNPO法人ホームレス支援全国ネットワークでは，「伴走型支援士養成講座」を始めました。7年になります。2級講座と1級講座があり，現在2級取得者は800人を超え，1級を併せると1000人程になります。「士」なんて名前についてますが，社会福祉士などのすごい資格に比べると「なんちゃって資格」であることは間違いありません。

「助けてと言えない」社会

なぜ，伴走が大事か。それは，社会的背景も大きな要因です。つまり，この30年で社会自体が大変不安定になったということです。

活動が始まった1988年は，正規雇用率が85%を超えていました（総務省統計局「労働力調査」。以下，同調査による）。つまり，頑張れば安定雇用に就ける時代

でした。しかし，現在の正規雇用率は6割，非正規雇用が4割となっており，約2000万人の労働者が不安定な労働に就いています。10年前のリーマンショックの時は，有効求人倍率が0.4程度に留まっていました。つまり，就職というひとつのイスを3人が奪い合っている状況でした。1人が座れ，2人は座れないという状況です。そして，立ってしまった人をつかまえて，「努力が足りない。自己責任だ」と周囲は言ったわけです。しかし，「足りない」のは，努力ではなくイスの数でした。あれから10年を経て，現在は，有効求人が1.5倍を超えています。3人に4つのイスがある状態です。しかし，喜んではいられない。その数を稼いでいるのは，実は非正規雇用であって，イスに座れたとしても2，3年でイスが壊れるということになっています。2015年に成立した労働者派遣法の改正によって，同じ派遣先には3年以上いられないということになっています。2018年は，3年目を迎えますから，雇止めや派遣切りのタイミングになります。ともかくイスの数は何とかなるので，派遣村みたいな状況にはならないと思いますが，不安定さは続きます。年収200万円以下の労働者は全体の30%を占めているともいわれており，いったん失業状態から脱しても，数年後に第2，第3の危機が訪れることを想定しなければならない時代となりました。そういう不安定な社会において，次の危機を迎えた時，誰に「助けて」と言えるのかが勝負です。伴走者の存在が勝負なのです。

　伴走型支援の第1の理念は，「人間とは何か」ということです。この国の最も深い闇のひとつは，私は子どもの自殺だと思います。なんで子どもたちは助けてと言わないのか。去年（2016年），問題になった写真がありました。お祭りの写真で，満面の笑みで写っている女の子が，その数日後に自殺します。その写真はコンテストで最高賞に内定していたけれど，その子が自殺しているからということで撤回された。日本は本当に変な社会ですね。問題は，コンテストではなくて，あの満面の笑みの子が数日後に自殺するかという話です。親も含めて気がつかなかったのはしようがないくらいの笑顔なんです。なかにはSOSを出している子どもがいます。先生に必死になって訴えていた子どももいる。なかなかそれが対応できなかったということもある。でも，大半の子どもたちは，ある日突然，死んでいくわけです。

　2年前（2015年）に内閣府が，過去42年間の子どもの自殺に対するデータを

出しました。365日何月何日に何人死んだかというデータです。過去42年間，9月1日だけで130人死んでいる。42年間ですから1年平均でいうと3人死んでいる。前後を合わせると倍ぐらいになります。なんで子どもたちは助けてと言えないのか。子どもは助けてと言っていいじゃないですか。嫌だったら逃げたらいいし，子どもは嫌だったら泣けばいいじゃないですか。でも泣くこともしない。逃げることもしない。助けてとも言えない。なぜなんだろう。私は，大人社会が助けてと言わないからだと思う。大人をみています，子どもは。立派な大人とは何か。それは助けてと言わないで，自己責任が取れる，それが立派な大人であり，立派な大人社会である。まさに自己責任社会が30年続いた。実はその前からあったんだけれども，経済成長のなかで，ある程度自己責任が取れていたかのような幻想のなかに，みんな生きていた。頑張ったらお金も入ったから，なんとなく自己責任が取れていたように1980年代まではきたわけです。そのあと，この社会構造が崩れるなかで，いよいよ格差社会になったわけです。そして，たまたまイスに座れなかった人，座ったイスが3年以内につぶれていく人，そういう人たちが自己責任と責められるようになったわけです。そういうなかで，大人たちが助けてと言わない。子どもたちからみたら，立派な大人というのは，助けてと言わない人，自分で自分の責任が取れる人，もっというと，迷惑をかけない人がいい人，迷惑をかけたらダメな人。今の若者たちにぜひ言いたい，本当にそうなのかと。

人間とは？——独りで産めない

　先に，伴走型支援の考える第1の理念として「人間とは何か」と言いました。そこで進化について，少し考えてみます。

　サルから進化して人間が生まれたわけです。進化とは，それまでより優れた状態に変化することであり，その前段階ではできなかったことが次の段階でできるようになることです。では，サルと人間の違い，進化の中身は何か。一番の違いは二足歩行だといわれています。人間が直立二足歩行をし，言語を有したことは，脳が相当に発達した証拠です。人間が文明を生み出したのです。これらは，サルにはできない芸当です。

　しかし，アメリカの古人類学者にカレン・ローゼンバーグという博士がいま

すが，彼女は，今までの進化論とは違う視点で進化をとらえました。一言でいうと，出産が違います。サルの母親はひとりで出産するのに対して，人間はひとりでは出産できない。これが最も大きな違いだと。サルは背骨と腰骨が直角です。これに対して人間は，真っ直ぐになった。結果，産道が複雑に曲がった。さらに脳が発達して頭蓋骨が大きくなったことで超難産となり，ひとりで産むことができなくなった。それで，子どもを取り上げてくれる人を必要とした人類は，家族や社会を生み出したということでした。

　カレン・ローゼンバーグの進化論がこれまでの進化論と違うのは，出産に着目した点だけではありません。通常「進化」というとき，「できなかったことができるようになった」ことを意味します。しかし，カレン・ローゼンバークの場合は逆です。「サルがひとりでできたことを，人間はひとりでできなくなった」というのですから，これまでの進化の概念からすると，それは「退化」と言ってもいいかもしれません。けれども，はっきりわかるのは，ひとりではできないのが人間であるという事実です。

　そんな人間に対して今日の社会は，「ひとりでやれ」「自己責任だ」「他人に頼るな」と言い続けているわけです。これは，「サルになれ」といっているに等しい。この世界は，もうすぐ猿の惑星になるのかもしれません。

　人間はひとりでは生まれない，生きられない，という宿命をもつ存在であることを前提とした社会や支援論が必要です。これまでの支援論の多くが，最低限の支援を実施することでなるべく早く「ひとり立ちできるようにする」こと，つまり自立支援を目的としていました。だから，支援など受けなくても生きていける状態が本来の人間のあるべき姿だと考えてきました。しかし，伴走型支援は，人間論を「弱さ」におくので，「所詮頑張ってもサルには戻れない人間であること」を前提とした支援です。伴走型支援においては，自立と依存は対立概念ではなく，対概念となります。そして，自立の真の対立概念は孤立であると考えます。

　これまで，自己責任論社会は，「ひとりでやれ」「他人に迷惑をかけるな」「依存は情けない」とだけ強調してきました。「迷惑は悪だ」は，自己責任論社会における社会道徳となっています。しかし，迷惑はそんなにダメですかね。迷惑をかけないと生まれられない人間が今さら何を言っているのか，と思うので

すが．

　リーマンショックのとき，若者たちが路上に現れました。それまでのホームレスは総じて高齢で，もはや家族との縁は切れていました。しかし，若者たちは帰るところがある。だから「家へ帰りなさい」と説得していました。しかし，彼らの多くは「これ以上，親に迷惑をかけられない」と言っていました。「失われた時代」に生まれた彼らは，自己責任論社会における「迷惑は悪」の道徳のなかで生きてきたのだと思います。だから，親にも迷惑はかけられないと真面目に思っている。だけど，家族から迷惑を引いたら何が残るんですかね。

　ホームレス支援の施設の建築をめぐっては，常に反対運動が起こります。「迷惑施設」や「安全と安心が脅かされる」ということが主な反対理由となります。抱樸館北九州建設の時は，8カ月で17回の住民説明を実施し，その度に厳しい「批判」にさらされました。そして，プレッシャーに負けて，私は，その説明会において，つい言ってしまった。「絶対住民の皆さんには迷惑をかけません」と。これはまずかったと思います。次に建てるときは絶対に言わない，言ってはいけないと考えています。だって，地域に30人もの人が住むわけです。迷惑をかけるのは，当然です。そして，地域の人も抱樸館に迷惑をかけて当然です。お互いに迷惑をかける関係。それを「地域」と言うのだと思います。そのことを否定したら「人間の住む地域」じゃなくなる。「地域」から「迷惑」を引くと何も残りません。

　17歳で妊娠し，夫に捨てられ，〈抱樸〉にたどりついた女性がいます。慌ててアパートを用意し，暮らし始めました。しかし，彼女は「ひとりで産む」と頑張っていました。だけど，出産当日，早朝に「破水した。助けて」と電話をくれました。私の連れ合いが「待ってました」と飛んでいく。「助けて」は，恥ずかしいことでもなんでもない。人間の本質に関わる言葉です。伴走型支援は，人間による人間に対する支援です。「助けて」と言えるかが勝負です。それは，早期発見，早期解決というテクニカルな話ではない。人間であることの本質に関わる事柄なのです。

　助けてと言える地域づくりができるか。伴走する関係をどのように相互的に構築していくか。ひとりでやれ，自己責任だなどと，サルみたいなことを言い続けると，子どもも，大人も死んでいく。

まるごと支援

　伴走型支援には，さらに「まるごと」という特徴があります。つまり，人を属性や制度でみないということです。

　「住宅確保要配慮者」は，国土交通省住宅局の言葉です。「生活困窮者」は厚生労働省社会援護局地域福祉課の言葉。「要介護者」も厚生労働省老健局。「障害者」も厚生労働省。「医療被保険者」も厚生労働省。「生活保護受給者」も厚生労働省。「刑余者」は法務省。そして，「市民」は北九州市，「区民」は八幡東区ということになります。たくさんの名称が出てきましたが，実は，これらの名称というか，枠組みは，私が担当しているFさんという86歳の男性のことです。彼はこれ全部に該当しますが，1人です。制度からみたら何人の人のことをいっているのかわからない。それを制度や属性で分断するのではなく，あくまで1人の人の事柄として，「まるごと」とらえることが伴走型支援です。

　資料7は，自殺防止で活躍するNPO法人ライフリンクがかつてつくった自殺の要因です。さまざなな要因があるのですが，自殺の手前が「うつ病」ということになっています。日本の自殺対策は，長くこの点に着目して施策を打ってきました。ですから，自殺は精神保健分野の課題となっています。それは，それで十分意味のあることでした。私たちも現場で自殺企図等，困難なケースの場合は，必ず精神保健センターや精神科医と連携しています。しかし，一方で，この図が示すように，「うつ病」の背景には何があったのかというと，そこには，「失業」や「家族の不和」「職場の人間関係」「生活苦」など，さまざまなことがあるわけです。どこまでを自殺対策の範疇とするかが問題となります。伴走型支援は「まるごと」支援ですから，範囲を定めず，その人の全体と付き合うわけです。

　カジノ法案（カジノを含む統合型リゾート〔IR〕実施法案。2018年6月衆議院可決）が実行に移されるなかで，ギャンブル依存症対策が課題になっています。それが心配なら，このような法律をつくらないのが肝心ですが，「すでに遅し」という感じです。ただ，もうひとつ気になるのは，この「依存症」という言い方です。この時点で「医療」の範疇にすでに限定されているように思います。「アルコール依存症」にしても病気という枠だけで考えるとうまくいかないと思います。特に依存症の場合，「医療的ケア」が必要であることは当然ですが，一

資料7　自殺要因の連鎖図⇒どこまで想定するか？

生活困窮者は，複合的な問題を抱えているため，次第に地域との係わりから遠ざかり，孤立化していく傾向にあります。
生活困窮と社会的孤立は表裏一体の傾向があるようです。

- 過労 (1.9)
- 事業不振 (1.7)
- 職場環境の変化 (1.8)
- 身体疾患 (2.2)
- 職場の人間関係 (2.5)
- 失業 (2.8)
- 負債 (2.9)
- 家族の不和 (3.0)
- 生活苦 (3.6)
- うつ病 (3.9)
- 自殺 (5.0)

国の自殺対策は，精神保健の課題として進められてきた

出典：ライフリンク「自殺実態1000人調査」

方で「社会的ケア」をどのように考えるかが重要です。つまり，これを「まるごと」やっていくということです。

〈抱樸〉では，5年前から「子どもの貧困」に対処するためのプロジェクトを開始しています。しかし，大切なのは，そもそも「子どもの貧困率」という考え方自体が，世帯の収入を元に計算されているということです。貧困率だけに限っていうと，子どもの貧困率を改善するには，親の収入を確保することが重要になります。それで，〈抱樸〉では，子どもの貧困に対しては「子ども家族まるごとプロジェクト」という事業を実施しています。これは訪問型の世帯支援です。このような考え方を，生活困窮者自立支援制度の見直しにおいても提案し，「子どものための世帯支援」等の議論がなされています。

「処遇の支援」と「存在の支援」

伴走型支援においては，「処遇の支援」と「存在の支援」という2つの枠組みを想定しています。「処遇の支援」とは，問題解決を中心とした支援であり，主に急性期に実施されます。ですから，この場面では支援員と当事者の1対1の関係がまず成立することが大切です。また，支援員は，問題解決のためにあ

る程度，制度や仕組みに関する知識が必要ですが，支援員自身がすべての問題解決に当たるというよりも，どれだけ多くの連携先をもつかということが肝心です。より多くの関係を構築しておくことは，その後に続く「地域での生活」にとっても重要な要素となります。

「出会いから看取り」までを範疇とし，「出会った責任」を尊重する伴走型支援においては，問題解決の後が重要になります。それは何気ない日常をどのように継続するかと同時に，次の危機において誰に助けてと言えるか，あるいは，その日常の営みに物語を付与することができる人々との関わりということです。伴走型支援では，それらを担う部分を「存在の支援」と呼びます。何かを行使するとか，何かを与えるということではない，存在そのものが支援となる。あるいは，容易には解決できない問題を抱えたとしても，ともかく誰かが一緒にいることで何とか持ちこたえることができる。それが「存在の支援」ということです。

断らない相談の3つのステージ

伴走型支援は，存在そのものを支援とするゆえに，「断らない支援」であるといえます。この間，生活困窮者自立支援制度に関する社会保障審議会部会で「断らない相談」ということをこの制度の本質としてとらえようという議論をしてきました。しかし，私が「断らない相談」を強調すると，それに対して反対する意見も結構寄せられました。審議委員の皆さん，どなたも「断らない相談という理想」という意味では反対ではなく，むしろそうあるべきだと考えておられると思います。反対の理由は，相談を受けても「出口の確保」ができていないのならば，解決できず抱え込むことになり，支援員はバーンアウトするからということでした。これも確かに一理ある意見です。

しかし，そもそもこれらの反対意見の根っこにあるのは，従来の「問題解決型支援論」だと思います。問題解決が支援の唯一の目的である時，たとえば就労支援が必要な人を引き受けるとするならば，就労先を先に準備しておかないといけないということになります。確かにそうです。しかし，そうなると「出口（就労先の状況）に合わせて相談を受けるかどうかを決める」ことになりかねない。あるいは，「支援の結果が明確に出るケース」だけを引き受けるとい

うクリームスキミングが起こりかねない。それは，問題解決型支援の呪縛であるといえます。

　困窮者の多くが経済的困窮と同時に社会的孤立状態にあることに着目する伴走型支援は，とにもかくにも引き受けるということ，つまり，孤立を解消することを支援の大きな目標としています。引き受け自体が支援そのものであるということです。伴走型支援においては，問題解決をめざす前提として「相談そのものが支援である」という理解に立ちます。

　当然，出口が必要であることは言うまでもありません。使える社会資源がない場合は，それを連携やネットワークを元に創造していくことも伴走型支援の大きな課題です。しかし，それがないことを断る理由にはしないということはなによりも重要です。

　相談を受けたら問題解決しなければいけない。このプレッシャーが実は相談員のバーンアウトの要因でもあるのです。伴走型支援は，受けても解決しないかもしれないけれども，切らないという支援です。不安で家にひとりこもって悩んでいた人が，しばしば相談事業所あるいはカフェにやってきて，お茶を飲んで帰る。これは，ものすごい支援をしているのではないかと思います。そのことを相談員と確認していかないといけない。

　ですから，「断らない相談」を可能にする第1のステージは，「相談の意味」そのものの理解に伴走ということを包含することです。そもそも「相談」の目的は2つあって，「問題解決」と「相談そのもの」です。今日のような無縁化社会においては，実は，後者のほうが一層重要で，後者が成立しないと前者もうまくいかないと思います。

　伴走そのものが目的であると伴走型支援では考えます。普通は伴走型支援というと，手段や手法のことだと理解される。たとえば就労支援においては，就職が目的となります。就労支援における伴走型支援というと，就職達成のための手段として伴走を用いると理解される。しかし，違います。私たちが言ってきた伴走型支援は，伴走を目的とする支援です。「存在の支援」ということからしても「相談」が目的そのものであると言っていいと思います。

　本日のタイトルに「問題解決しない支援」を掲げました。問題解決だけを目的とすると，相談員がバーンアウトしてしまう。いや，それ以上に当事者が折

れる。「解決すること」を相談員との共通の，しかも唯一の目的としてしまう。しかし，現実には，なかなかうまくいかない。1カ月，2カ月と通うがうまくいかない。となると，「相談員が悪い」となるか，あるいは「自分はダメだ」となってしまう。しかし，2カ月もつながり続けたということ自体，大いに評価すべき事柄なのです。相談は，つながることです。

　最近私は，そもそも「問題解決」ということ自体に疑念を抱くことがあります。あるいは，「問題がない」ということが本当に幸せなのかということも考えます。

　Mさんはアルコール依存症です。地域で暮らしている時は，地域でよくトラブルになっていました。毎月のように地域から呼び出される状態でした。彼は5年前に抱樸館北九州に入居されました。医師と相談したところ「完全断酒」ということになりました。毎朝，抗酒剤を事務所に飲みに来る日々が始まりました。この薬は，服薬の上でお酒を飲んだら強烈な反応が出て倒れるという懲罰的な薬で，その苦しみを経験することでお酒を飲まなくするという代物です。

　さすがのMさんもお酒をやめられました。しかし，その後，元々明るかったMさん（お酒を飲んでいたせいでもありますが）が話さなくなりました。暗く落ち込んでいるように見えました。「Mさんはお酒をやめられました！」と相談員が喜々として言ってきます。「問題解決しました」と。しかし，私は疑問でした。Mさんは，本当に幸せなのだろうか。お酒をやめたとしても，この状態で長生きしたところで，いったい彼は，なんのために生きているのだろうかと考えました。

　そこで，職員に「君たちは，結局のところMさんの権利を侵害しているんではないか」と尋ねました。「なんの権利ですか」と職員は怪訝そうでした。「それは，失敗する権利だと思う。人間は生きている限り失敗する。君らも失敗するやろう。なのにどうしてMさんには失敗させないということになるのかね」と私は問いかけました。熱心でよい相談員ほど，ガードレール型の支援になります。つまり，1ミリたりとも道から逸らさないということを目的としている支援です。だから，問題は起こらない。でも，それで本当によいのかと思います。生きる意味とは何かを考えてしまいます。伴走型支援においては，そのよ

うなガードレール型ではなく，セーフティーネット型の支援をめざします。セーフティーネットは，元はサーカスの綱渡りをする人の下に張られている網のことです。この網の意味は，「たとえ落ちても死なない」ということです。落ちないための手当ではありません。ある意味，落ちることが前提で張られた網です。だから危険を承知で挑戦できるわけです。Mさんにとっての人生の挑戦とは何かを考えさせられました。

　結局，Mさんとよく話し合って金銭管理を丁寧にすることにしました。お酒を飲んだとしても上限があるので，そこまでひどくはならない。Mさんはその後，お酒を飲むようになり，明るいMさんに戻りました。地域から呼び出されるのは，年間2，3回程度になりました。問題解決型支援の呪縛は，失敗する権利を奪ってしまうことにもなります。

　自立支援と言い過ぎると，自立，つまり野宿の解消が何よりも重要になります。私たちの活動が始まった時，「ホームレスを支援しても自立なんかできない」と周囲から言われていました。しかし，やってみると9割以上が自立されました。私たちは，「人はいつか変わる」という希望をもちました。しかし，それだけを求めるようになると，自立できる，つまり変わっていけるホームレスは「いいホームレス」，どんなに関わっても変わらないホームレスは「悪いホームレス」というような，二元論による分断が始まりました。

　どんどん自立率が上がっていきました。なぜなら，「人はいつか変わる」というテーマだけを追いかけた結果，スタッフは変わってくれそうなホームレスばかり訪ねるようになっていくからです。まさに，クリームスキミングが始まったのです。自立達成率は98％を超えました。しかし，それもそのはずです。母数を調整しているのですから。

　「これではまずい」ということになり，皆で話し合うことになりました。結果，もうひとつのテーマが誕生します。「人は変わらなくても生きている」。当たり前のことなのですが，「問題解決型の呪縛」はこの当たり前を見失うことにもなりかねません。

いのちという普遍的価値

　断らない相談の第2のステージは，「いのちという普遍的価値」を土台とし

ているかということです。これこそ当然のことと思いますが，しかし，案外見落とされていると思います。「いのち」や「生きていること」の価値が大前提になっていないと思うのです。私たちは，いのちという絶対的価値をどれだけ前提にしているでしょうか。

2016年の相模原市における障害者殺傷事件は，「生きる意味のあるいのち」と「生きる意味のないいのち」が分断されました。分断ラインは，生産性の有無や経済至上主義だったと思います。「いのち」よりも生産性や効率性が重視されているのが現代社会であると思います。これは案外，困窮者支援の現場にも持ち込まれている価値観ではないかと心配しています。

先日，ある講演会で一番前列におられた女性が質問されました。彼女はいかにも「しんどい」というオーラを出しているように見受けられました。彼女は，「奥田さん，生きる意味はなんですか」と質問しました。正直，困ったなぁと思いました。具合が悪そうでしたし，答えないとそのまま死んじゃうかもしれないという感じさえ受けました。一生懸命考えて，ともかくこのように答えました。「生きる意味っていうのは，独りで部屋にこもって本を読んでも多分わからないと思います。だから，できるだけいろいろな人と出会い，その出会いのなかで，自分の存在意義とか，生きている意味を見出してもらえればと思います。つまり，人は他者性のなかで自分とは何かを知るのだと思います。今日は，だいぶ調子が悪そうなのに，よくこの会場まで来られましたね。これからもなるべく出かけてみてください」と。

しかし，言いながら，「ああ，これはまずい」と思いました。だから，「ちょっと待ってください。今私が言ったことは本当にそう思って語っていますが，それよりも，もっと大事なことがあると思いますから，今から言うことも聞いてください。生きる意味って何ですかとあなたは私に質問されましたが，この『生きる意味ってなんですか』は，第2の言葉にすぎないと思います。その前に，まず第1の言葉をキチンと語ることが大事です。第1の言葉を語った人だけが，第2の言葉を語ることができる。それは何か。『生きることに意味がある』という言葉です。まず，『生きることに意味がある』『いのちそのものに意味がある』とキチンと言う。そう言えた人だけが，じゃあ，『生きる意味ってなんですか』と問うことができると思います。第1の言葉をすっ飛ばし

て，第2の言葉を語ってはいけないと思います」と申し上げました。

　たとえば20人に会っても，30人に会っても，必ず生きる意味が見出せるとは限らない。見出せないなら死ぬと，なりかねない。「生きること」自体に意味があるとまず言い切ることが重要だと思います。往々にして，支援現場も第1の言葉を飛ばして，第2の言葉から始まることがあります。厚生労働省の議論は，自立支援から始まっているように思います。「どうしたら自立できるか」は第2の言葉です。それは，つまり問題解決のステージです。第1の事柄である「いのち」という普遍的価値をまず宣言しなければならないし，本来はそれで十分だと言えなくてはならないと思います。相模原事件みたいな事態に対抗するためには，まず「いのちという普遍的価値」に戻らなければならないと思います。問題が解決しようが，しまいが，今日も生きている。そこから始まる支援が伴走型支援であり，断らない相談の地平なのだと思います。

　断らない相談の第3のステージは，価値の転換ということです。問題には，そもそも解決する問題と，なかなか解決しない問題があります。その時，その問題の意味自体を変えてしまうことができれば，まったく新しい世界が広がります。

　実は，私は20年前に潰瘍性大腸炎という難病になりました。これは治りません。病気を抱えたままもう20年も生きています。ちょうど長女が生まれた直後，医師から「治りません。いずれ癌化します」と言われた時は，だいぶ落ち込みました。でも，まだ死んではいない。ここが大事です。その娘がこの春，成人式を迎えました。

　世の中には解決する問題と，解決しない問題があります。これまで相談員は，解決することを前提に支援を実施してきました。でも，そう簡単ではない現実があります。そうならば，解決しなくても，どっこい生きていけるかが重要になります。その問題とどのようにお付き合いできるかが勝負です。つまり，つながりや相談そのものに価値があるのです。

　さらに，単純には解決しない場合，価値転換ができることもあります。まさに，物語の世界に入れるかが勝負です。事実は変わりません。ならば，意味を変えてしまう。私は潰瘍性大腸炎となって人生観が変わりました。当時34歳の私は自分が死ぬということをまったく考えていませんでした。牧師だから他人

の看取りはしていましたが、自分の死は考えていない。しかし、あの日から、私は死を考えるようになりました。一番の大きな変化は、徹夜をやめたことです。あの時ちょうど私は九州大学大学院のドクターコースへ行っていて、牧師をしながら、NPOをやりながら、九大にも通うという無茶をしていました。週に2日はほぼ徹夜をする日々が数年続きました。でも、病気になったことで、もう徹夜をしないと決めました。「諦めること」を身につけたということです。どんなに原稿がたまっていても、諦めて寝る、ということができるようになったのです。さまざまに変わっていく。

今から思うと、病気になったのは正直嫌だったけれど、一病息災とはよく言ったもので、それが契機で新しい価値を見出したのだと思います。

さっき紹介した母ちゃんに逃げられた自立者のNさんは、講演のなかでこのように語られます。「私は二度と野宿には戻りたくない。あの生活には絶対に戻りたくない。でも、今はこんなふうに言える。野宿していたことは、けっして無駄ではなかったと」。彼は、野宿をしたことで、さまざまな人と出会い、助けてもらえるありがたさを知り、また、誰かの助けになれることを知ったと、だから無駄ではないと言います。このNさんは、現在ボランティアの中心メンバーとなっています。野宿を経験していなければ、今の自分はこうはなっていないと思うと言うのです。価値の転換は、「断らない相談」を実現する上で重要な事柄です。

アンリ・エレンベルガーという精神科医は、「精神疾患は創造の病である」と言います。病を得たなかでマイナスを通じて自己を掘り下げることができます。新しい価値や自らの存在意義が創造される。問題解決型では、マイナスはマイナスのまま留まってしまい、一刻も早くそのマイナスを埋めることだけに奔走してしまう。しかし、問題が一掃されるところまでいかない場合が多々ある。完全解決を目標にしていたぶん、失望も大きくなります。

最近私は「そもそも問題なんか解決されなければならないのか」と乱暴なことを言うようにさえなっています。

伴走型支援における家族モデルと葬儀

最後に伴走型支援を考える上で、その土台とした「家族機能モデル」を少し

だけ紹介し，終わります。
　これまで，日本の社会保障は，公的部分に加え，家族，地域，企業が担ってきました。しかし，この血縁，地縁，社縁が脆弱になった。私は，特にこれまで家族がもっていた機能をどのように社会化するかということが，これからの社会保障ということになると思っています。
　そこで，「家族（家庭）」がもっていた機能を以下の5つの機能として想定しました。
- ■第1の機能　「家庭内サービス提供機能──包括的，横断的，持続的なサービスの提供」
- ■第2の機能　「記憶の蓄積とそれに基づくサポートの実施」
- ■第3の機能　「家族（家庭）外の社会資源利用のための継続性のあるコーディネート機能──つなぎ・もどしの連続的行使」
- ■第4の機能　「役割付与の機能──自己有用感提供」
- ■第5の機能　「なにげない日常の維持──葬儀」

　第5の「なにげない日常」は，そもそも機能といえるかどうか微妙ですが。「支援」という言葉には，問題解決というバイアスがかかっています。家族はいざという時の支援者ですが，大半の時間は「なにげない日常」の場所となっています。「なにげない日常」が家族そのものといってもよいと思います。伴走型支援は，問題解決のみならず，看取りまでを想定するゆえに，この「なにげない日常」をどう考えるかが重要になります。伴走とは，日常そのものです。
　確かに，家族の場合，寝食を共にし，ひとつ屋根の下で暮らしているからこそ，日常的伴走が成立するともいえるので，この部分を社会化することは，だいぶ困難な事柄であると思います。でも，もはや「身内の責任」では済まない社会的孤立が進んだなかで，このことを考えることは必然となっているように思います。
　この日常の延長にあり，従来，家族機能の最たるものが「葬儀」であると思います。しかし，家族が脆弱化するなかで，昨今では「無縁死」が年間3万人にも及ぶといわれています（NHKスペシャル「無縁社会～『無縁死』3万2千人の衝撃」2010年1月31日放送）。そんな時代のなかで，家族以外の赤の他人が葬儀をする社会が私はよい社会であると思っています。

先日，文化人類学の先生と話していたら，「人間と動物の一番の違いは，人間だけが弔いをすること」と言われました。動物は弔わない。人間だけが唯一，死者を弔うという。葬儀は，人間が人間であり続ける瀬戸際の事柄だといえます。これまで，その人間の本質に関わることを家族に任せてきたわけです。そして，家族がない人は無縁死となってしまいました。伴走型支援は，まったくの赤の他人が，葬儀を出し合う社会の創造をめざします。
　〈抱樸〉では，そのために「互助会」をつくりました。いざとなったら互助会がお葬式を出してくれます。家族の来ない葬儀には，新しい家族がつどい弔っています。伴走型支援の最期には，この葬儀の風景があります。
　私の話は以上です。

【論点と争点】
伴走型支援の「考え方」と「方法論」

高橋尚子（一般社団法人京都自立就労サポートセンター主任相談支援員）
郭　芳（同上センター元相談支援員・就労支援員，同志社大学社会学部助教）

1　今日の生活困窮者

　生活困窮者の多くは外からみてもわかりにくく，また，この人たちは積極的に相談に行こうとしません。その理由のひとつ目としては，自分の責任でこうなったのだから，問題を解決するには自分で何とかしないといけないと考えている。2つ目として，自分の抱えている問題は複雑で，誰かに相談したところで簡単に解決できないと諦めている。3つ目は，情報が届きにくいことにあります。

　以前は，公的制度以外の社会保障として「互助」や「共助」が機能し，地域や企業，家族がその役割を果たしてきました。しかし，現在では，これらの基本となる「地縁」「社縁」「血縁」といった結びつきが脆弱化し，なかでも，住民組織や地域の支え合いはほとんどなくなってきています。隣に住んでいる人が誰かさえわからない社会になり，奥田さんの講演のなかで言及されていた「助けてと言えない社会」のように，近隣や友人，知人などによる「互助」や「共助」が崩壊し，自助と公助だけに頼らざるをえない社会になりつつあります。地域の支え合いは大切であり，生活困窮者支援制度が制定された当初，「地域づくり」が強調されたのはそのためではないかと推測されます。

　「互助」や「共助」の世界では「お互い様」の精神で支え合っていました。今，この意識が薄れてしまったので，もう一度高い意識をもつためには，まず地域がさまざまな人を受け入れることから始めなければなりません。すでに価値観も含め「多様性を認め合う社会をめざす」などの言葉を耳にすることが多くなってきましたが，それとは裏腹に，現実としては社会全体の「許容範囲」が狭くなっている気がします。そこからはみ出した人は排除され，社会的孤立につながっていきます。人を大切にし，「他人事」を「自分事」にできるような地域社会の構築に向けて，弱くなったものをもう一度強いものにし，さまざまな形

で生活困窮者を地域で支え，私たち一人ひとりが生き生きと暮らす社会をめざす取り組みが必要です。

2　必要になってくる伴走型支援

困窮者支援においては，支援者が一方的に与える支援ではなく，当事者が他者とのかかわりのなかで，自分自身を支えていく力を得ながら，生活再建をめざしていくことが非常に大切で必要不可欠だと思っています。

では，伴走型支援とは何でしょうか。私は，奥田さんが理事長を務める特定非営利活動法人ホームレス全国ネットワークで，「伴走型支援士養成講座」を担当しています。この講座は困窮者支援に携わる方を対象とした人材育成プログラムで，2011年から全国各地で実施しており，ホームレス支援団体が現場の支援活動のなかで培った知識・経験・ノウハウを，継続的・包括的な支援のスタイルとして体系化させたものです。この講座は，人に制度や支援を合わせるのではなく，その人のこれまでと今を受け止め，個人として尊重し，一人ひとりの状況に応じたオーダーメイド型で寄り添い，「人による伴走」で生活再建のためのこれからを援助するという「考え方」と「方法論」で構成されています。「考え方」は伴走型支援の基本理念で，「方法論」は効果的な支援の手法を指します。「考え方」と「方法論」は車の両輪のようなもので，どちらが欠けても役に立たないほど密接な関係にあり，両者が補いあってこそ十分なはたらきをします。

奥田さんの講演のなかで出ていた，「出口がなければ……」という実践者の意見は，「方法論」を指しているのだと思います。生活困窮者自立支援制度という枠組みのなかで物事を考えると，「必須事業」や「任意事業」といった事業としてとらえるため，どうしても成果を求めてしまいます。成功事例を求める思いが強くなりすぎると，手法だけを組み立てることが中心になってしまいがちです。しかし，伴走型支援は，問題解決（出口）のための支援を含みつつも，伴走する「存在」そのものが重要であると考えています。

3　私たちが考える伴走型支援

伴走型支援は，問題解決ありきの支援ではありません。世の中には解決でき

ない問題もたくさんありますが，問題は必ずしも解決しなければならないものではなく，現状から改善していくという視点が大切です。これまで1人では対応しきれなかったことも，他者が関わることによって，さまざまなことが変化していきます。また，生活困窮者の問題は，社会的孤立が関係しているといわれています。社会的孤立というものが貧困や生活困窮を引き起こすものであるなら，孤立している人が誰かと「つながる」ことで，安心した生活を継続することが可能になるかもしれません。実際に，サポートセンターに相談に来る人たちのなかには他者とのつながりが脆弱で，家族としか接点がない，または家族との接点もないという人もいます。ですから，まずはどんな形であれ，私たちがつながり伴走することそのものに大きな意味があります。伴走していくなかで，新たな課題を発見すれば，必要なサービスにもつなげていきます。

　さらに伴走型支援では，これまで支援を求めることが難しかった人たちに対しても，支援を届けるために生活困窮者と出会い，その人の暮らしが改善していくために必要な支援やサービスをコーディネートしていきます。生活困窮者と出会うには，相談窓口で椅子に座って相談に来る人を待っているだけではなく，こちらから出向くアウトリーチ型の支援が必要であると考えています。しかし，突然「こんにちは」と各戸訪問はできませんし，あてもなく巡回していても，生活困窮者に出会うことは容易ではありません。そこで，サポートセンターでは，さまざまな機関と連携することもアウトリーチのひとつと考え，少年鑑別所や定時制・通信制高校，引きこもり支援の団体，行政の窓口などいろいろなところと連携しています。実際に連携を通じて，「こんな人がいるんだけれど」「こんな相談をどこかで聞いてくれないか」など，これまで出会えなかった人たちとつながることができるようになりました。よく話を聞いて，「そのことなら誰々さんが力になってくれるよ」「それならこんな制度が使えるよ」と提案したり，すぐにつなぎ先がなければ，新たな社会資源を開発したりもしていきます。

　私たちが支援を行うためには，常にいろいろな人たちとつながることが必要で，ネットワークづくりはとても重要です。ただ，単にネットワークをつくればよいというものではなく，そのネットワークがきちんと機能するようにしていくことが大切です。

4　私たちの支援方針

　私たちが行う支援では，他人事としてではなく，いかに他人事を自分事のように考えていくことができるかを大切にしており，その点は基本的に奥田さんと共通しています。そうは言っても，文字通りその人になることはできませんので，その人のことを十分に理解した上で，自分事のようにとらえ，その人にとって今一番必要なものは何かを考えていきます。自分たちが提供できるものであれば，自分たちだけで支援ができますが，それができない場合は，ネットワークを活用した支援を提供していくことになります。

　また，課題は，「必ず解決しないといけない」わけではなく，「このままでもいい」という選択肢を残したうえで支援をしています。サポートセンターでの支援は，就労支援が中心となり，相談者の99％が仕事についての相談です。なかには，親や周りの人に促され，「働かなければならない」と言って相談に来る人もいます。しかしその人たちのなかには，本当は働く準備もできていないし，覚悟もできていないので，すぐに就職に向けて動き出すことが難しい状態の人もいます。そのような場合，「今すぐ働かないといけない」ではなく，「今のままでもいい」から支援を始めることが大切だと考えています。他にも，働きたいと言って相談に来る人のなかには，就職できないことだけに困っているのではなく，それ以外にも複数の課題を抱えている人も多くいます。その場合，就職以外でその人が抱えている困りごとを先に改善することによって，その人の状況が変わり，就職に関しても上手くいくこともよくあります。ですから，私たちは就労支援だけではなく，その人の人生にまるごと関わるイメージで支援を行います。

　伴走型支援が「考え方」と「方法論」の2本立てであるように，人の暮らしにも「暮らし」と「暮らし方」があり，両者は分けて考える必要があります。「暮らし」は，住まい，食事，医療，教育といった人が生存していく上で必要となる物質的な物を指します。「暮らし」に対する支援は，経済的所得保障を含め，「公助」の範疇で充実させていくことが重要です。

　一方，「暮らし方」は，人によって価値観やめざすもので異なります。たとえば，「働く」は「暮らし方」のほうに入ります。多くの時間働きたいと思っていても，子育てや介護などに時間を取られ，それが実現できない人もいま

す。また，障害や難病を抱えている人のなかには，働く気持ちがあっても，就労に就くことが難しい人もいます。「暮らし方」とは，自分自身を好きでいられるよう，自分らしい生き方を選択し，それを自ら手に入れることだといえます。でも，それを1人では手に入れるのが難しい人がいて，そういった人に対する支援こそが生活困窮者への支援であるといえるのではないでしょうか。たとえば，働きたいけど，まだ働く準備が整っていなくて，働くためにはどうしたらいいのかわからない人や，一定の収入はあっても，収支のバランスが上手くいっていない（家計支援が必要な）人に対する支援です。本人が望む「暮らし方」を自分で維持するための力をもつことを支えていくことが伴走型支援であり，生活困窮者支援ではないかと思っています。

　私たちは「支援する側が一方的に支援の方針を立ててしまう」ことをしないよう，常に心がけています。先の話ともリンクしますが，その人がどのような生き方を望んでいるのかをしっかり聞いて，そのためにはどんなことに取り組む必要があるかを話し合います。もちろん，無茶なことを言われても同感できないこともありますし，何でも本人の思う通りになるわけではありません。その際は，なぜ本人の思う通りにならないかを説明します。相談に来るまでは，どうしたらいいかわからず無理だとあきらめていたことも，可能性を見出し，さまざまなことに興味関心をもちながら，自信を積み重ねていくことで，自分の人生に展望がもてるようになっていかれることが私たちのめざしている支援です。

5　今後の困窮者支援について

　奥田さんは牧師でもあり，ほかの人にはできないことでも，奥田さんにはできることがたくさんあります。誰かがお亡くなりになればお葬式を出すこともできますし，その方に身寄りがなければ供養を続けていくことも可能です。誰もが奥田さんと同じ「方法」で支援を行うことは難しいですし，また，地域によって使える資源も違うので，やりたくてもすぐにはできないこともあるでしょう。しかし，基本的な理念はどこにいても，誰もが共通してもつことができるものであり，奥田さんの「考え方」は大いに参考になるものだと思います。

　生活困窮者支援は，「個人（世帯）」と「社会（地域）」という双方への働きか

けによって困窮者自身の多様な自立と，困窮者を生み出さない社会の形成をめざしていくことになります。そのために支援者は，コーディネート力を発揮し，地域づくりをしっかりと行っていく必要がありますが，このような支援を展開するためにも，支援者のスキルアップのための人材育成をさらに充実させることが必要です。そして，地域づくりを考える際には，今からつくっていくというよりも，すでにあるものをしっかり見つけていくことが大切です。ないものねだりをするのではなく，あるものをもっと活用する。地域の資源を見つけるためには，農業のように，地域を耕すことから始めることが必要だと考えています。

【論点と争点】
奥田知志さんから対話を学ぶ──ソーシャルワーカーの対話力

野村裕美（同志社大学社会学部准教授）

　対話とは，「一対一の対等な人間関係のなかで，相互性がある個人的な話し合い」［暉峻 2017］をさします。「ある論点が，何度も発展的に往復するうちに，お互いにとっても自然な発見があり，大きな視野が開けるところ」に特徴があり，そのプロセスに意義があるといわれています。対話の前提には，関係の対等性を互いに認め合う協働の意識があることとなります。

　ソーシャルワーカーの養成教育は，支援という枠組みにより，ソーシャルワーカーとクライエントの関係性に主眼を置いてきました。しかしケースワーク，グループワーク，コミュニティワークという枠組みのなかで，関係性の専門職として発揮するべきコミュニケーション技能をばらばらに教授し，とりわけ教育現場では個別面接技術に焦点をあててきたように思います。もちろん面接は大切であることは認めながらも，ソーシャルワーカーとして傾聴し応答するコミュニケーションに縛られやしないだろうか，その点に少しの違和感を感じてきました。相互性や対等性をベースに自分のなかにある当事者性や住民感覚に突き動かされ，私自身の考えや思いを表現し，交流させる経験のなかから

コミュニケーションをさらに続けていく練習をもっとしてもよいのではないかと，奥田さんとの出会いから強く思うようになっています。

対話は，支援の現場にも取り入れられ，フィンランドには，保健師資格をもつ対話のプロであるネウボラおばさんが家庭に足を運び，親の養育不安やストレスを軽減し，社会からの孤立を防ぐ子育て支援があります。特に，「わざわざ面談する時間やコストを省かない」［高橋 2015］のは，対話の意義を認める社会があるからです。ネウボラおばさんとの対話の経験が，信頼関係形成のモデルとなっていきます。奥田さんの取り組みを拝見すると，人々との対話に常に重点をおいているように見受けます。夜回り活動の時に対話する姿。その人の名前を呼び，しっかりと目の前に座って話す姿勢をとる。対話の記録を必ずメモに残しておく。そこには，アセスメントシートをうめるような，情報をとる姿はかけらも見当たりません。私は，あなたと話したい。その一心であることが映像を通しても伝わってきます。

1　奥田さんの実践との出会い

奥田知志さんの実践との出会いは，2010年に本屋で見つけた『助けてと言えない─いま30代に何が』（文藝春秋）という本がきっかけでした。派遣切り，ホームレス，孤独死など，社会から孤立しているとは容易に想像できない30代の若者の数々が孤独な生活に追いやられている現実が，2009年にNHKの『クローズアップ現代』という番組で取り上げられました。路上でうずくまる若者たちなどホームレスの人々に声をかけ，炊き出しなどの支援活動をしているのが北九州ホームレス支援機構（当時）の奥田さんでした。番組を見た時には，その現実の過酷さばかりが印象に残り，私の身近でも起こりうることとしての実感がなかなか湧かなかったのを覚えています。しかし翌年，この本に本屋で出くわした時，店頭で手に取り一気に最後まで読みふけり，読後，いてもたってもいられないもどかしさに襲われることとなります。

この本は，前年度放映されたNHKクローズアップ現代取材班がまとめたものでした。若者ホームレスらと同じ30代の取材スタッフたちは，同世代の人たちがどうして孤独死していくのか，どうして助けてと言えないのかという，大変シンプルな問いかけから取材を始めることとなったことが書かれています。

それは「私（個人）」の疑問から始まり，だんだんと「私たち」の問題意識として取材班のなかに広がり，さらに，取材する側─される側の別を一挙に乗り越えていきます。取材対象にすぎなかったホームレスがみるみると目の前に現れたかのごとく，「いったいどうして」という共感を生み，通りすがりではおられない「何とかしなければ」という協働への動機づけを読み手にも促すものとなっていったのだと思います。本を手に取った頃，私自身も30代であったことも共感したひとつの要因かもしれません。しかしそれと同時に，私の頭の中にあったのは，支援という言葉の窮屈さと，ソーシャルワーカーとしての焦燥のような感情でした。

　読み手である私が深い共感に誘われたのは，①この本が「私たち」（取材班）を主語に書かれていること，②「私」「私たち」の気持ちや考えを切り取らず，まっすぐに（アサーティブに）表現していること，③取材班のポジショニングが俯瞰ではなく，地上にあろうとする姿勢が読み手に実感できたことにある，と考えています。コミュニティオーガナイザーであるかのような同世代の取材班の語るストーリーオブセルフ，ナウ，アスに突き動かされたのだと考えています。その彼らの目線の先に，活動する奥田さんの姿を実感しました。

　奥田さんは，ホームレスの方々に声をかけて夜回る際に，必ず手紙を手渡していました。奥田さんの自宅の電話番号と，いつでも相談にのることが記され，封筒には，500円分のテレホンカードも同封されていました。しかし，この手紙には「驚くほど反応がな」く，「何が彼らを躊躇させているのか」と取材班に語る奥田さんの言葉に，「なぜ，こうした投げかけに（ホームレスたちは）反応しないのだろうか，素直にそう思った」と驚く表現，さらに，身ぎれいにして親に今の身上を隠すホームレスへの取材により，彼らが親に心配をかけたくないからひたすら内緒にして1人で何とかしようしている心境に触れ，「私たちが想像していなかった」と表記する取材姿勢は極めてアサーティブに見えました。

　あえて取材班の気持ちや考えを切り取らずに表現をしてみる姿。これは，取材班が記録していた，奥田さんの姿そのものであると思いました。取材班も，30代ホームレスの人々との出会い，奥田さんたちとの出会いのなかで触発され，突き動かされたものがあったのであろうとメッセージとして伝わってきま

した。人（読み手）が目の前にいるのであれば，モノローグではなく，それはコミュニケーションとなります。そこに折り重なる対話が生まれるのは，暮らしの場面では当たり前のことであることに，改めて私は気づかされ，そしてこう思うのです。教育のなかで，暮らしのなかにはさまざまなコミュニケーションの形があることをもっと広く，深く伝えなくては，と。

2　ソーシャルワーカーの焦り

(1)　奥田さんのように，その人の前に立ち続けようとしているか

人と関係性を結び，深めていく時には，相手とこちらの垣根を互いに取りながら互いの敷居を低くしていくものです。しかしこちらが敷居を低くして待っていても，さまざまな抵抗を表し，敷居を一挙に高めてしまうこともあります。たとえば，地域で暮らすアルコール依存の人の支援にあたる勝部麗子さん（豊中市社会福祉協議会）や，アルコール関連問題に取り組む一般病院のソーシャルワーカーは，支援の実際を語る時，「つなげるまえにしっかりつながる」という表現を用います。これは，措置から契約の時代に移行し，支援する側が「早く制度やサービス，次の施設につなげなければ」という意識に囚われ，本人との関係性への関心よりもむしろ制度やサービスとのマッチングにばかり目がいっている実態を憂えて使っている言葉だと受けとめています。本人との二人三脚のなかでは，何気ない会話，本質に触れかかる対話のなかで，できない言い訳，抵抗の言葉を浴びせかけられることもあります。しかし逃げてはならないのです。それは本人とつながっている証であるからです。抵抗の言葉をも受け入れ，ある日やっと変化を指向する言葉を語り始めた時に，しっかり受けとめること。ミラーが言うところの，「まったく動機のない人はいない，私たちは誰もが目標や願望をもっている」という言葉を，いかに日々体現できるのかが問われていることとなります。関係性の深まりなくして，人は動かないということを思い知らされました。

(2)　奥田さんのように，本人の希望をみつけ，外から注ごうとしているか

ホームレスの人への夜回りの際に，奥田さんは支援を拒む人に対して「君は君自身でいい。けれど閉ざすなよ。君がどうなるか，見てみたい」という声かけをしている場面を番組で見ました。生命の危機を回避するだけでなく，人が

人らしく生きるためには，希望が必要であると何度となく奥田さんは述べています。さらに，その希望は本人のなかにあるのではなく，自分以外の他者との関係性のなかで育まれ，自分の外から差し込むものであると述べているのが大変印象的でした。翻って，ソーシャルワーカーをふり返るとどうでしょうか。「あなたの希望は何ですか？」と引き出すことには長けていても，あなたの希望をみつけたいと伝えるところから始まる関係性の継続にはどれほどの関心があるのかと考えています。

　たとえば，奥田さんは，「生きてさえいればいつか笑える日がくる」を合言葉にした生笑一座（いきわらいちざ）を結成し，全国で上演活動を展開しています。ホームレスだった当事者が自らの体験を子どもたちに語り，交流する体験を通して生きることを学ぶ一座を作りました。子どもたちには当事者が語ることで説得力があり，また一座にとっては活動することが生きがいとなっている様子も伝わってきました。

　この活動から，あるひきこもり支援の職員の方の言葉を思い出しました。「この人が輝く場面はどんな場面なんでしょうね。その場面を創りだすにはどうしたらよいんでしょうね。場面の積み重ねが場となり，しくみや制度となっていくきっかけになるんでしょうね。それを本人とずっと話しています」というものです。この言葉から，ソーシャルワーカーの社会資源開発に関わる創造力と協働性に気づかされました。

(3) 奥田さんのように，とにかく生きとけよと言える関係性かどうか

　奥田さんは，支援する際に二人三脚の担当者をつけ（伴走型支援），家族同然の，家族に代わる関係性の構築をめざしています。ホームレスの人たちは，家がなくなったハウスレスと，家族や居場所をなくしたホームレスとの2つの喪失を体験しているとし，ハード面としての受け皿と人の絆が支援に必要な要素であると述べています。「何があってもとにかく帰ってこい，何があっても生きとけよ，とにかく待ってるから」と，とにかく帰ってこられる存在（場）となること，合わせる顔もない側面も含めて弱さを見せられる存在（場）になることについて，ソーシャルワーカーはどれほど意識を払ってきているのでしょうか。清野絵は，弱さを肯定的にとらえ直す実践活動が展開されているべてるの家を表し「弱さを隠すのではなく，表現すること」としています。協働はお

互いの対等性をベースとした双方の責任ある関係性から生まれるのだとすれば，ソーシャルワーカーがその人の居場所になりえているかどうかは，日ごろどれほどの人々と対話を積み重ねているのかにかかっていると思うようになりました。信田さよ子が，近年のオープンダイアローグの広まりを心理職はなぜ避けるのか，という論文のなかで「一対一の心理療法はさまざまな人格理論に基づく多様性を保ちながらも，当事者からの声や視線・提言を果たしてどの程度取り入れているかが，今，改めて問われている」と書いています。ソーシャルワーカーとしての私について，たとえば「そうである」とか「そうでない」とか「もっとこうなんじゃないか」など，ざっくばらんに持ち出し合いながら対話を折り重ねていく体験によって，わからなさを共にかかえることにねばり強くたえる関係性を育むことがソーシャルワーク教育のなかで求められていると考えています。

清野絵（2014）「障害者福祉におけるバルネラビリティ概念の意義」『福祉社会開発研究』6号，15-24頁

ステファン・ロルニック，ウイリアム・ミラー（2010）『動機づけ面接法実践入門――あらゆる医療現場で応用するために』星和書店

暉峻淑子（2017）『対話する社会へ』岩波書店

信田さよ子（2017）「心理職はなぜオープンダイアローグを避けるのか」『ナラティブとケア』8号，39-43頁

髙橋睦子（2015）「出産・子どもネウボラ――切れ目ない支援を支える対話」『月刊福祉』7月号，48-49頁

第II部

生活困窮者自立支援における家計相談支援

第Ⅱ部　生活困窮者自立支援における家計相談支援

背景と相談者の実態──グリーンコープの実践から

行岡みち子（グリーンコープ生活協同組合連合会常務理事・生活再生事業推進室室長）

　今日、お話しするのは「家計相談支援」というものが、どの層のどのような人に、どのような支援をして、どういう効果があるかということです。家計相談支援は、誤解されることが多く、それぞれが思っている家計相談支援のイメージで理解されることがあるので、行き違いがあったりします。

　20年前、30年前であれば家計相談支援をしなくてもよかったのです。私が子どもの頃は、父親が働いて母親は家にいました。給料日にはご馳走をつくって夕御飯を食べ、お給料はそのまま神棚に上げて大事に使うというように、現金で家計のほとんどが管理されていました。給料が銀行振り込みになり、父親が働いて持って帰る給料が意識されないようになり、子どもらは、母親が銀行からお金をもってくると勘違いをするようになります。最近はスーパーの買い物もクレジットカードで決済するため、スーパーに行って買い物をしてもお金があといくら残っているかを意識しなくなります。現金ではなく、クレジットカードで生活するので「気がついたらお金が足りなかった」という相談が増えてきています。

　家計相談支援が必要だというのが、「無駄遣いが多い」「家計管理の仕方が悪い」ということだけではなく、そもそも管理できなくなっているというのが、今の私たちの住む社会ではないかなと思います。どういう生活層の人がどのような相談にきているのかからお話しできたらと思います。

1　私たちの家計相談事業

「グリーンコープ」とは

　グリーンコープは九州を中心に大阪まで、生活協同組合として活動してお

り，14の生協があります。グリーンコープが「生活困窮者自立支援」として家計相談の受託をどれくらいの規模でやっているかという話をします。

　グリーンコープでは福岡県の町村部全部と北九州市をはじめ中核市，一般市の多く，熊本県のほとんどの町村部と一般市，山口県の宇部市，長崎県の川棚町（自立相談支援事業），兵庫県の神戸市で家計相談支援事業を受託しています。福岡県は家計相談支援だけではなく，自立相談支援，子ども支援オフィス，高校生就学継続訪問支援と，トータルな形で受託しています（2017年度）。

　資料2「家計相談支援事業の相談者の状況」は，グリーンコープふくおかの家計相談支援の10事業所の実績を手作業で集計したものです。自治体の窓口で事業を実施していますが，システムがないため，毎月の報告書の数字を集計し，2016年4月〜2017年1月までの実績を出しています。手集計なので大変な作業負荷がかかるため，相談業務が多くなると集計も進まないことになります。

相談のきっかけ

　2016年4月〜2017年1月までの10事業所で実質「相談を受けた件数」が860人，「自立相談支援事業所からつながってきた」のが36％で309人，「その他の役所から」が323人です（資料2の①）。「その他の役所」は住宅公社の家賃滞納とか，母子福祉からの相談がくるとか，国民健康保険窓口から滞納者の紹介がきたりします。エリアによっては自治体から直接，家計相談支援事業所に相談者が紹介されてきて，自立相談支援事業所と同時に相談に入ることがあります。自立相談支援事業所からしかつながらない相談事業所もあります。

　相談経路は，ほとんどが「自立相談支援事業所」と「その他の役所」からきています。「自立相談支援事業所」が「困窮者支援制度」の支援の入り口で，「家計相談支援事業所」は出口支援であるという前提です。厚生労働省のホームページに，自立相談支援事業所を通した実績のデータが集積されてアップされています。それを見ると家計相談支援の件数がほとんど上がってない自立相談支援事業所が全国には多いということがわかります。全国的には家計相談支援の相談そのものがつながってこない自治体が多いのです。

　理由は，自立相談支援事業所に家計相談支援についての誤解があるからだと

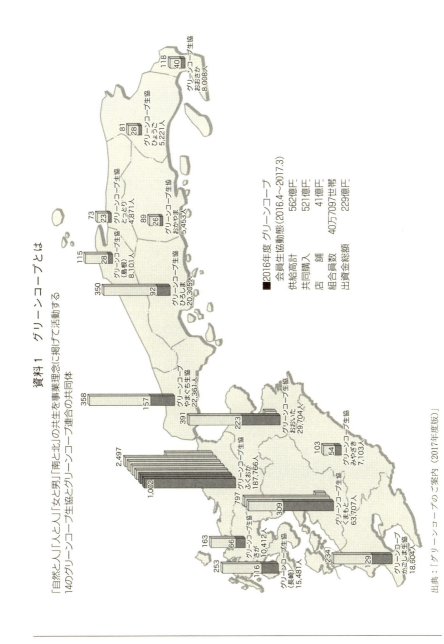

資料1 グリーンコープとは

「自然と人」「人と人」「女と男」「南と北」の共生を事業理念に掲げて活動する14のグリーンコープ生協とグリーンコープ連合の共同体

出典:「グリーンコープのご案内」(2017年度版)

資料2　家計相談支援事業の相談者の状況

①相談のきっかけ

項目	件数	割合(%)
自立相談支援事業所	309	36
その他の役所	323	38
グリーンコープ広報ほか	30	3
消費者センター	7	1
弁護士・司法書士	3	0.3
裁判所	0	0
新聞・ラジオ・テレビ	6	1
自治体広報	13	2
インターネット	6	1
勤務先、知人、友人	23	3
以前来訪	17	2
その他	98	11

②相談したい内容（複数回答）

項目	件数	割合(%)
家計問題	581	68
貸付の利用	221	26
借金整理返済額軽減	126	15
借金取立て督促	31	4
教育資金	6	1
子育てや教育の悩み	28	3
家庭問題（病気・不和）	109	13
悪徳商法・詐欺・契約	10	1
税金・公共料金の支払	123	14
年金や保険	22	3
その他	118	14

＊グリーンコープふくおか家計相談支援事業所(10事業所)集計件数(2016年4月〜2017年1月実績 860人（未回答含む））

考えています。「自立相談支援事業所で家計相談支援もやれる」と思っている事業所が多いようです。他の支援を先にして、それが終わってから家計相談と思っているうちに、家計相談支援事業所につながなくてもいいとなる場合も多いようです。

ところが、グリーンコープが家計相談支援を実施している自治体は、相談件数が多く忙しい状態です。資料2の①に示されているように「自立相談支援事業所」から309件（36％）が、「その他の役所」から323件（38％）が家計相談支援事業所につながっていますが、このつながり方は自治体によってくっきり分かれています。

具体的には、北九州市は自立相談支援事業所は市直営ですし、家計相談支援事業所を別のところにおいている関係で、役所のほかの窓口との連携が取りにくい関係なので、直接つながってくることはほとんどありません。中核市の久留米市は役所のなかで自立相談支援事業所と家計相談支援事業所をグリーンコープで受託し、ほかの窓口との連携を担当部署が仲立ちされています。役所のほかの窓口から滞納などに関することは家計相談支援事業所に直接「よろし

く」とつながれ，家計から自立へつないで，一緒に相談に入っています。自治体によって，自立相談支援事業そのものが認知されていないと感じることもあり，自治体の制度理解や温度差は大きいです。制度が始まって年数が浅いとはいえ，自治体によって様相が違います。

　たとえば，福岡県域のひとつの家計相談事業所のエリアには5つから7つの町が含まれていますが，町によって対応が違います。滞納が多くなると収納課から差し押さえがきますが，家計の立て直しをして分納の相談をした結果がどうなったのか，「どれくらい納付が進んでいるかを教えてほしい」と町役場に行っても，教えてくれるところと，「そんなことは教えられん」と言うところ，「県を通して申し入れてくれ」と言うところなど，町によって対応が全部違います。

　相談経路として，「自立相談支援事業所」から相談が回ってくるエリアもあれば，「役所」が相談を回してくるエリアもあり，それぞれの違いがあります。各自立相談支援の窓口に家計相談支援事業所として「私たちはこういう支援ができますよ」と挨拶と宣伝にいくので，相談件数も多くなっているのだと思います。日本全国で家計相談支援事業所のどれくらいが，自分たちができる支援の内容をアピールしているでしょうか。家計の相談件数が少ない事業所はこれをやっていないため，自立相談に役に立つかどうかを自治体が実感できない状態のままではないかと思います。

相談内容

　相談者が相談したい内容として，「家計の問題」とすっきり言っているのが68％，「貸付の利用」が26％，「借金の整理・返済額の軽減」が15％，「税金，公共料金を滞納して請求がきている」のが14％です（資料2の②）。家庭の不和，夫が生活費を入れてくれない，子どもが働こうとしない，病気，病院に入院するがお金がないということも含めて「家庭問題」であり，家計相談支援事業所に相談がきています。

　グリーンコープ生協ふくおかは貸付事業（10年前から多重債務問題の相談支援）も行っていますが，「グリーンコープ生協ふくおかは貸付をしているから相談が多いだろう」というのは誤解です。貸付をもっているので入り口にはなりま

すが，貸せる状態でない人にお金を貸すことはできません。家計相談支援としてやっていく形にしますので，「貸付の利用」の相談は26％あっても，現実に貸付につながるのは10％台です。貸付相談で利率の安い社会福祉協議会に斡旋することも多いのです。

どういう人たちが相談にきているか
(1)「世帯の年収」

世帯の年収でみると，生活保護水準の「100万円以下」が19％で127人，「100万円台で200万円以下」が32％で214人，200万円以下がトータル51％で341人，これらの人は困窮状態に陥りやすい人たちです（資料3の①）。家計相談にきた人で，いくら本人が「頑張る」と言っても「生活保護を選択しないと難しい」という人たちが2016年で100人くらいました。「200万円台」が29％，「300万円台」が13％で，ギリギリの収入で生活している人たちが42％いますが，「600万，700万円台で困窮者か？」という人たちもいます。この層で借金をたくさん抱えている人が最近多くなりました。ご夫婦の年収が500万円くらいで借金が1300万円あるなど，多重債務からこの世界に入ってきています。「貸金業法」が改正され「消費者金融は収入の3分の1以上は貸してはいけない」という法律ができたので，消費者金融はそれ以上は貸しません。しかし銀行にはその縛りがないので，収入の3分の1を超えても個人にお金を貸しています。銀行は良識ある貸付しかしないだろうと貸金業法の規制の対象外だったことから，年収の3分の1までの貸付規制に括られていません。銀行系のカードローンを抱え，大変な人たちが増えています。借金を抱えて収入のほとんどが借金返済で相談にくる人たちは，借金だけではなく，公共料金などの滞納もあり，生活そのものをどう立て直していくかを解決しないと後の生活は成り立ちません。

大都市の家計相談支援で特徴的なのは，「売れれば高い高級住宅地での家と土地の資産があり，勤めをしていた頃は年収がかなりあった。定年退職したあとも働いていたころのままの生活のため，年金の枠内で生活できずに預貯金を使い果たし，滞納で差し押さえがきそうだがどうしようか」と相談にみえる70，80代の方がいます。いわゆる困窮者といえるのかという方たちです。認知症ではないけれど，生活の切り換えがうまくいかなかったようです。年齢が上

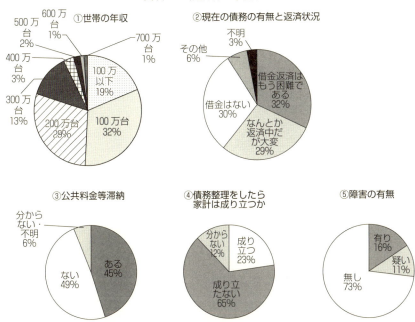

資料3　相談者の家計状況

＊グリーンコープふくおか家計相談支援事業所（10事業所）集計（2016年4月〜2017年1月実績 860人）

がってくると，お金の管理を自分ですること自体が負担になるようです。実際に私の母は，93歳で亡くなるまでメガネなしで新聞を読む人で，頭もしっかりしていた人ですが，お金を払う時に小銭を出さずにすべて千円札で払っていました。母に「なんでそんなことをするの，小銭を出せばいいじゃない」と言うと，「面倒くさい，小銭を数えるのがうっとうしい」と言っていました。高齢になるとお金の支払いの仕方を考えること自体が負担になり，料理を考えることも負担になるようです。

　このように困窮者の幅に広がりがあると実感しています。200万円くらいの収入がある単身者の場合，生活保護になりませんし，家をもっていて100万円程度の収入がある単身者は生活保護に該当しません。保護基準スレスレの人から，ある程度余裕のある中間層も含めて家計相談の幅が広がっていることを最近特に意識しています。

(2) 「債務と返済の状況」

「借金返済は困難」の人が32％，「何とか返済中だが，大変」の人が29％，「借金はない」人が30％となっています（資料3の②）。「公共料金滞納あり」が45％，「ない」人が49％（資料3の③），借金と公共料金の滞納はセットで起こりがちです。公共料金の滞納があり，借金がない人たちは，家計相談が入れば，家計問題はすんなり解決していくのではないかと思います。早ければ早いほど解決しやすいのです。

(3) 「債務整理をしたら家計は成り立つか」

「借金がなければ，ある程度，生活は成り立つか」ということを初回の面談で大きく押さえます。「借金を返済すれば何とか家計が成り立つ」人が23％，「成り立たない」人が65％です（資料3の④）。

10年前，多重債務相談で相談室を開設した当時は，大半の人が「債務整理をすれば家計は成り立つ」人たちでした。「成り立たない」のは20％くらいで，この20％の人たちの生活をどうするかを考えていましたが，今は「成り立たない」が65％です。「わからない」という人たちも増えてきています。自分の家の家計がどうなっているか，借金もある，リボ払いでどれくらいの残高が残っているかもわからないのです。自分の家計がどうなっているのかまったくわからないという人たちが年々増えています。

(4) 「障害の有無」

全国的に，障害が重い場合で「権利擁護事業」とか「日常生活支援事業」という金銭管理の分野の支援が家計相談支援である，と勘違いしているところが多いように思います。家計相談の実績が上がっていないところは，自立相談でどうにもならず，日々のお金の管理や生活の管理をするのが家計相談支援だと勘違いして，そういう相談だけを家計相談に廻してくる節があります。

グリーンコープが実施しているエリアで調査をすると，「障害の有無」では「身体障害，知的，精神の障害がある」人は16％，「障害の疑いがある，発達障害がある，手帳はないが，知的障害があるかもしれない」が11％ですので，27％が障害があるか疑いのある人です（資料3の⑤）。あとの73％は「障害がない」ので家計相談支援が十分役に立つことになります。私たちも困窮者支援を始めた時，「世のなかにこんなに障害がある人が今まで放置されていたのか」

と思いました。農村部ほど、その傾向があります。しかし、それは「疑いがある」まで含めて全体の27％です。

多重債務問題では、一貫して世帯支援をしています。借金は家族内に広がっていますから、1人だけを対象に支援をしても解決にはなりません。問題は家族に連鎖しているので、親戚まで含めて対応してきました。子どもさんが相談に見えても、お母さんに会いに行ったりお姉さんに会いに行ったりして、世帯で支援を行っていくのです。ひとりの重い精神障害を抱えていると、家庭内に問題が広がっています。病気といえないまでも、こだわりがきつくて家族全体でどうしたらいいだろうと困り果てるほどの問題を抱えているご家庭が、農村部ほどあることに気がつきました。そういう方については精神保健の役所関係や病院関係などに連携を求めていますが、なかなか対応してくれません。しかし、家計相談支援だけで抱え込むことになると大変で、そういう大変な状態の人にばかり目がいきますし、「相談にくる人は解決困難な人ばかりだ」と相談員も言います。しかし、実際はそういう人ばかりではありません。そのような人は人数が少なくても大変だから「こういう人ばかりがいる」と意識してしまうけれども、実際は障害の疑いまで含めて27％くらいなので、相談者の多くは家計相談支援でほとんど解決できる人たちなのです。

私たちが家計相談支援をやっているなかで、知的障害で小学校5年生くらいの能力の人の場合でも、家計相談支援で本人が家計をうまく管理できるようになることもあります。一方、依存やこだわりが強いと、家計相談支援では無理な場合があります。その場合は、専門的なグループと連携して自立相談に戻さないと、ただ抱えて寄り添っていればいいわけではないので見極めが重要だと思っています。

2 家計相談の背景には何が

家計相談の背景

家計相談支援が始まる以前は、2006年から生活再生相談室で多重債務問題に取り組んできました。「多重債務で借金が膨れて生活費が大変」とか「就労ができず、収入がない」「電気、ガス、水道代が払えず、ライフラインが止まり

資料4　生活困窮や借金の背景にある生活の課題

出典：グリーンコープ作成資料

そう」との相談で来られます。その背景にはさまざまな課題がありました（資料4）。

　あるお年寄りのご夫婦の事例では，滞納があり，借金もある。「家を出たいから引っ越しのお金を貸してほしい」という相談があり，よくよく聞くと，「引きこもりの子どもがいて，父親が働いている間は，ある程度のお小遣いを渡していたが，収入がなくなり，子どもに『これ以上小遣いをやれないから働いてくれ』と言ったら子どもが殴る，蹴るなどのDV状態に入った。親から金を巻き上げるようになったため子どもから避難したいので，引っ越しのお金を貸していただきたい」という内容でした。そういう人たちをマンションに受け入れて高い家賃をとるとか，そういうお年寄りにお金を貸してマンションを購入させ，購入名義はお金を貸した会社名になっているため追い出されることがあるという，ひどい，詐欺まがいの商売があることも，その相談から経験しました。このご家庭は，子どもの問題をどうするかを含めて解決しないといけないので，結局，親の問題に関わると同時に子どもの問題の解決も図ることとしま

した。

　またある事例では，奥様が買い物依存症になってクレジット利用が増えて多重債務相談に見えます。よく聞いてみると，お連れ合いが仕事熱心な方で深夜にしか帰宅しない生活で，子どもの面倒は奥さん1人でみています。寂しいのでつい買い物をしてしまうようです。支払いが難しくなるとストレスがたまり，資金繰りに追い回される状態になって八つ当たりで子どもを虐待するようになっていることがわかりました。

　また別の事例では，部下をリストラしないといけない中間管理職の方が，それがつらくてストレスから鬱病になりました。パチンコに行ってたまたま当たると気分が爽快になってパチンコにのめり込み，パチンコ代で借金が増えていき，家族にまで借金が広がってしまいました。

　多重債務の問題ひとつとっても，背景にDVがあったり，虐待があったり，依存症があることをどう解決するかを考えてきたなかで，生活困窮者自立支援法ができる前は多重債務相談と同時に生活保護の窓口にも同行しましたし，DV被害者を女性センターなどにつなぐなど，借金の整理だけではすまないこともわかってきました。相談者の生活を立て直すために必要なことを全部しながら対応していました。

　生活困窮者自立支援法ができたので，DVや困窮者の就労の問題等全部ひっくるめてやっていたものが自立相談支援事業所でやってもらえるとなって，私たちとしては気持ち的にとても楽になりました。家計相談支援でしないといけないことは山ほどありますので，その部分をどうするかを専門的に考えられるようになりました。

借金以外のお金の問題
　借金は必ず解決できるので，大きな問題にならないうちに弁護士，司法書士のネットワークを活用して対処していけば何とかなるのですが，借金の陰に隠れている税金や公共料金等の滞納は自己破産しても棒引きにならないし，延滞利息がつくので放置すれば大きな金額になります。電気代，水道代は滞納すると利用できなくなりますし，家賃滞納では家を追い出されます。また，保育料，校納金，国民健康保険，年金，介護保険料の滞納の問題もあります。滞納

資料5　相談内容のうち家計相談支援が中心となって解決していく内容

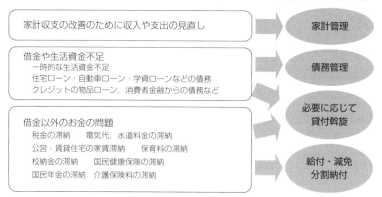

出典：グリーンコープ作成資料

していること自体が家計や生活を圧迫することになっていくので、その問題をどう解決するかが重要です。そのような問題を解決するために家計相談支援があります。

家計相談支援事業所が中心となって解決していく内容

　ひとつは「家計収支改善のために収入や支出の見直し」を行うことが重要です。収入や支出の見直しは家計相談支援の大きな仕事です。

　「借金や生活資金の不足」については債務整理をし、必要に応じて貸付を斡旋します。貸付斡旋ではなく「分割納付」や支払いの優先順位をどうするのかも相談しながらやっています。

　ある例では、卒業間近で就職も決まっているのに学費1年半分を払えてなくて、大学に分割納付の交渉についていくと「そういう人がたくさんいる。耳を揃えて全部払ってもらわないと卒業させられない」と言われ、「就職も決まっている、成績もいい、返せるように応援するから分割納付にしてほしい」と言っても、認められないケースがありました。そういう場合はお金を準備して貸さないと卒業できません。せっかく決まった就職がダメになったら、この人の人生がどうなるかわかりません。返してもらえる確信がもてた場合にはお金を貸します。グリーンコープの貸付の原資は組合員出資金なので、国や自治体

のお金が入っているわけではありません。自分たちのお金ですから，どうすれば返してもらえるかを真剣に考えてきました。

貸付斡旋はこの10年間で，全部の相談の12％くらいで，ほとんどは債務整理や分割納付で解決しています。「借金以外のお金の問題」では「分割納付」「給付」「減免」の相談に同行したりしています。

3　グリーンコープの行っていること

家計相談支援のつなぎ先

ここ何年かの傾向として，病院のソーシャルワーカーや地域包括支援センターのケアマネジャーが同行される相談が増えています。相談内容は，介護施設や病院の利用料の滞納の問題などです。ほかに市町村民税とか，税金の滞納などです。とりわけ国民健康保険，国民年金は，事故が起きて障害を負った場合に障害者年金がもらえるなど，将来の生活の担保のために払っていた方がいいので，分割納付を勧めます。ケータイ代等は相談者に同行して窓口を訪れ，支払い方を相談し，不要な機能は取り除いてもらいます。使いきれない機能をもたせて基本料金が高くなっているお年寄りが結構多いようです。

「多重過剰債務」は法テラス，弁護士，司法書士，財務支局の相談窓口につなぎます。詐欺商法で被害を被っている時には，消費者団体や適格消費者団体へ同行したりします。

生活資金の斡旋先も社会福祉協議会や母子寡婦福祉の母子貸付や労金の教育ローンなど，使い勝手がいいものへの斡旋をします。また，奨学金を紹介したり，日本政策金融公庫とか，グリーンコープ生協ふくおかなども斡旋先です。母子貸付は，最初は貸してくれなくても，何度か行くことで相談に応じてくれることもあります。相談者に同行して一緒に切り開いていく役割が，家計相談支援にはあると考えています。壁が厚くて，なかなか思うようにいきませんが，そういうことも含めて対応していこうと考えています。

なぜ同行するか

「税金の分割納付」「国民健康保険の分割」「市営住宅の分割納付」に，なぜ私たちがついていくかということをお話しします。

役所の窓口の方は，たくさんの借金を抱えている状態を，自分の生活からは発想できないので「月5000円だったら払えるだろう」と思ってしまいがちです。生活困窮者は人がよかったり，自己主張ができない人が多いように思います。自分の要求だけを主張する相談者もたまにいますが，それはレアケースです。窓口では遠慮がちにきている人が多いので，本人だけで行くと月5000円の分納が積み重なって4カ所に月2万円の分割納付になったりします。その人の家計収支の状況からすると，払える余力が1万円しかないのに2万円と約束をしたら払えません。私たちは家計の余力をみて，生活しながら返済できる金額がいくらかを見極め，優先順位を決めて，払う額を相談します。窓口で無理な金額で分納を約束しても，3カ月は我慢して払えたとしても，その後が続きません。そのため，本人は善意で何とか払おうと思って約束しても，できなければ「あなたはウソつきだ，約束を守らない。差し押さえする」と窓口で言われます。いくら払えるかがみえないまま相談に行って「5000円だったら払えるだろう」と思っても，現実は余裕がありません。そういうことがあるので，私たちが相談者に同行し，家計の状況を説明したりします。

相談支援の前提として大切にしたいこと

10年間続けてくることができたのは，資料6のように人間理解をし，相互の力をどうつけていくかを考えてきたからです。

ひとつ目は，「人間の自己成長力，自己実現力」です。相談にきた人たちのほとんどは，今，自分がどんな状態になっているか，よくみえなくて，どうしたらいいかわかっていません。戸惑っていて，現実をみるのがいやだから杜撰なことをしています。私たちは相談にきている人も含めて「人間はみんな自分でちゃんと自分の問題を解決できるし，自分で成長していく力をもっている」と考えることをベースにして仕組みを組み立てます。「家計表」「キャッシュフロー表」は考え方を形にした道具だと思ってほしいのです。ファイナンシャル・プランナーの資格があったらできるというのではなく，本人が自分の状態につ

資料6　相談支援の前提として大切にしたいこと

> 【相談に来た人への人間理解】
> ①人間は自ら成長する力をもっている（自己成長力，自己実現力）
> ・人間は自分の力で成長したり，悩みを解決する能力をもち，自分の可能性を自律的に実現していこうとする志向性をもっている。⇒自立支援
> ②問題を解決するのは相談者本人である⇒相談者主体の尊重
> ・本来，自分のことを最もよく知っているのは本人自身であり，問題を解決できるのも本人自身である。⇒自己決定できるための支援
> ・家計という生活そのものに関わる極めてセンシティブな課題は，本人の理解を促し，解決に向けた意欲につないでいくことが重要。

いて理解し，自分で何をしたいのか，自己実現を含めて実践していけるように，それを応援していくということが自立に向けてとても大事だと考えてきました。

　2つ目は「相談者主体の尊重」です。自分の状態がわからないから「自分で決められない」のであって，自分の状態がわかれば自分で決められます。本人に決めてもらうために，本人に現状はどうなっているかをわかるようにします。アドバイス，指導するのではありません。本人が「自分の現状がどうなっているか」をわかるようにするために「家計表」をつくって数字で見えるようにしていきます。自分で決めたことであれば，それを実現するためには結構頑張られます。他人から言われたことは，その場では「ハイ」と言いますが，最後まで頑張れません。債務整理もそうです。いくら弁護士が「自己破産」がよいと言われても，本人が納得していないと書類の準備も進みません。本人が借金の整理についてどんな解決の仕方をしたいかを選べるようにするのが支援です。

　自宅にこだわっている方には，自己破産の場合と，「個人再生」の場合と，それぞれどのような違いがあるのかを説明します。ご本人の希望が「お金は返したい」ということであれば，毎月いくら返さないといけないか，具体的な数字でそれを本人に示し，それが可能なのかどうかを考えてもらいます。「今はいいが，あと10年経ったらあなたの生活はこうなる」とみえたら，どれを選択しないといけないかがわかるので，そこまで押し上げて弁護士の所に同行します。「本人が決めた」とならないと，なかなか後が続きません。

また，1人の人にずっと関わるわけにいきません。相談件数は年間1000人くらいあります。3割くらいの人が翌年も継続になったりするので，自力でできる人たちは自力でやれるように支援するのが私たちの仕事だと思ってきました。これは大事にしています。

相談員の心構え
　グリーンコープの家計相談支援の姿勢についてお話しします。
　2006年8月，相談室を開設した時から，資料7の「家計相談支援で大切にしたいこと」を私たちが守るべき姿勢として相談員間で共有してきました。2015年度に生活困窮者自立支援制度が施行されました。制度の理念として「自立と尊厳の確保」と支援の形がうたわれていて「自己選択，自己決定権を尊重する」「一人ひとりに応じた支援を組み立てて尊厳の確保に配慮していく」「寄り添って支援する」となっています。これは私たちにぴったりきた理念で，心強い思いで困窮者自立支援制度に携わっています。
　講演会などで参加者に「みなさんのなかで家計簿をつけている方，お連れ合いがつけている方はおられますか」とお聞きしても1割の方しか手を上げられません。私も一度も家計簿をつけたことはないのです。家計簿をつけずに生活できるのは，ある程度の収入が安定的にあるということで，幸せなことだと思います。ある程度の収入があっても収入に波があると管理が難しくなります。特に母子家庭は児童扶養手当や児童手当が4カ月まとめて入りますので，家計が大変になる元凶だと思います。一定の収入があり，収入に波がなければ家計簿をつけなくても生活できます。
　生活困窮の状態で家計相談にお見えになった人のなかには，ダブルワーク，トリプルワークをして頑張っている方もいます。朝と昼に仕事をして，子どもが帰ってきたら夕御飯を食べさせて，また深夜に働きにいくなど，トリプルワークをする人たちもいたりします。そういう人たちに「家計簿をつけなさい」とは言えないですし，言いません。言ったら二度と相談にこないでしょう。「家計簿をつけないといけないですか？」と相談者にきかれても，「そんな時間があったら1分でも早く寝た方がいいですよ。一品でもいいから子どもたちのために料理をしたり，子どもの話を聞いてあげた方がいいですよ」と話します。

資料7　家計相談支援で大切にしたいこと

(1) 家計相談は，生活が困窮して大変な人に家計簿をつけさせることではない。相談員が面談のなかで家計表をともに作成する。
(2) 家計相談は，いきなりレシートを集めさせ，消費行動について頭ごなしにあれこれ指導・矯正することではない。
(3) 家計相談は，家計の収支を1カ月単位で大きくとらえて，月の収支の状況が赤字であれば，いくら赤字か，黒字であれば，現実とのギャップは何かなどに，本人が気づけるようにする支援。
(4) 現状が本人にみえたところで，どうすればよいかを一緒に考え，元気を取り戻していく支援。

　①相談者とともに家計の状況を見える化し，相談者の意欲につなぐ
　②相談者自身が家計を管理できるように支援する
　③課題の解決に向けてさまざまな支援へつなぐ
　④滞納金の支払や借入金の返済をスムーズに行い家計を再生する

　では，家計相談では，生活が大変な人に家計簿をつけさせることではなく，何をするのでしょうか。相談員は相談にきた人と初回面談で，インタビューしながら「家計表」を一緒につくります。収入はほとんど皆さんご存じです。支出については家計を預かっている人であれば，何にいくら使っているかを話しながらきいていくと，だいたいみえてきます。そういうのを面談でききながら，一緒に「家計表」を作成します。必ずしも正確である必要はありません。大きく家計の状況を押さえることができれば手の打ちようがあるのです。経験を積み，慣れてくると初回面談で現状の1カ月の家計表はつくれます。

　家計の収支を1カ月単位で大きくとらえ，月の収支の状況がわかれば，いくら赤字があるかがわかります。黒字になったとしたら「お金が足りないと言っているけど，一緒に家計表をつくっていったら黒字になった，おかしいね。何か忘れてない？」と投げかけ，そこから「パチンコやってない？　競馬やってない？」と聞いて現状に近い家計表をつくりあげていきます。そのなかで本人が気づいていくのが家計相談支援です。

　「もう電気が止まりそう。電気代や水道代を2～3カ月払ってなくて2万5000円くらい滞納になっている」という状況は本人にもわかります。しかし，「1カ月の生活費はいくら足りてないと思う？」と尋ねると，みなさん，わかりません。相談者は1人ではわからないけど，相談員が「どう？」と聞き取り

をしていくと「1カ月に2万円足りないとか，3万円足りない」とわかります。その数字が出てきた時に，「3万5000円足りないとなっているけど，どう思う？」と尋ねると「こんなに足りないとは思っていなかった」と答えます。では，「どれくらい足りないと思っていた？」と尋ねると「5000円くらい足りないと思っていた」と言われ，「3万5000円も不足しているから努力しないと，どうしようもないよね。どうする？」というやりとりから話が始まっていくのが，私たちがやっている家計相談支援です。

　家計相談支援では，いきなり「レシートをもってきなさい」とは言いません。そのように言われたら，本人は何と思うでしょうか。「自分の買い物について『こんな生活をしたらだめよ』と非難がましく言われるのではないか」と思うのではないでしょうか。いきなりレシートを集めて，消費行動について頭ごなしに指導することはしません。実際，レシートをもってきて集計し，家計簿をつくってアドバイスすると1カ月かかります。お金の問題は即効で対応していかないと日々困っていることが解決しません。相談にきて「こうすればいい」とわかれば，うれしくなって次回もきてくれます。今日，明日のことで困っているのに1カ月もかかると，もうやりたくなくなります。

　いくらの赤字になるかを大まかにでも出して，現状で何をしないといけないかを本人に考えてもらうために，家計簿ではなく，ともかく大雑把な「家計表」をつくります。

4　私たちがめざす方向は

本人に考えてもらう

　「家計表」「キャッシュフロー表」を使って相談者とともに家計の状況をみえるようにすることで，ご本人が課題に気づきます。自分が今，どうなっているかわからないと，やけっぱちになるしかないのですが，「2万円を解決すればいい」となれば収入を増やせるか，どう増やすかを考えます。子どもがいくら家計に入れているか，お姑さんがいくら年金から家計に入れてくれているか，話を聞いて家計表をつくっていくので家族関係もわかります。「就労時間を増やすか，家族からもう少し応援してもらうかですね」「収入を増やして2万円

が解決すればいいんですが、あと1万円足りないとなると、どこを減らすかですね」と言って、本人に考えてもらいます。私たちは相談者にアドバイスとして「嗜好品は第三のビールでいいじゃない？　タバコはやめないとダメですね」などとは言いません。誰でも他人に指図されたくないでしょうから、本人に考えてもらいます。どこをどう削るかも本人に考えてもらうのです。

100人いれば100人の生活があり、同じ家族構成でも子どもの趣味、子どもの部活などで収支が違いますから、100人いれば100通りを提案しないといけません。指導するにしても、100人に100通りのアドバイスができるほど私たちは偉くはないのです。一緒に考えて、本人に考えてもらい、本人の考えではどうにも無理な時はアドバイスをしますが、あくまで本人が考えることが重要です。これらを編み上げてきたのが家計相談支援の仕組みです。そこをほとんどの家計相談支援事業所には理解してもらえていないようです。だから困窮者は家計相談に行かないのだと思っています。

見える化

「こういうのが数字で見えたらわかりやすいよね」と相談しながら、「家計表」「キャッシュフロー表」をつくる方法は自分たちで開発してきました。数字は客観的なものですから、「性格が悪いよ」とか「生活の仕方がだらしないよ」とかいったことではありませんので、本人も受け入れやすいと思います。「どういう生活をしたらこんなふうにお金が足りなくなるのか」という抽象的な話ではなく「不足する2万円をどうするか」という具体的な話ですから、一緒になって考えることができます。

課題解決に向けて

「課題を解決するために、この後、どう生活していったらいいか。どんなお金の管理をするか」のアドバイスをし、課題解決に向けてさまざまな支援につなぎます。つなぎ先はたくさんあり、つなぐ際は必ず同行するようにしています。グリーンコープの取り組みでは自立相談支援事業所より家計相談支援事業所のほうがアウトリーチは多いのです。ご自宅に行ってみれば、通帳も請求書も領収証もそろっていますし、生活自体も垣間見えて、家計の全容がよくみえ

ます。

　滞納金や借金の返済などをスムーズに払えるように「家計を再生」します。相談者本人に考えてもらえるよう，家計の見える化やアウトリーチなど必要な支援を家計相談支援の仕事として大切にしていきたいと思います。

家計管理・出納管理・金銭管理

　世のなか，「家計管理」「出納管理」「金銭管理」がごっちゃにされています。誤解のもとだと思い，言葉の整理からしようとしています。

　「家計管理」という場合は，本人に家計を管理する力があるかどうかで分かれます。認知症などで本人の理解力がない場合は，金銭を管理してもらう必要があるので社会福祉協議会などの日常生活自立支援事業や成年後見制度を利用することになります。

　本人が管理できる人の場合は，「毎月，支出できる金額はいくらで，食費はいくら，お小遣いはいくら」と，本人と一緒に「家計計画表」をつくって「この金額の範囲内で生活しよう」という相談になります。電気代，ガス代は毎月ほとんど決まっているから「引き落とし」にして預金口座を分けてもらうように提案します。「食費や買い物は1カ月を週単位で割って，1週間に使えるお金の目安が1万円だったら，1万円を限度にしてサイフに入れて管理したらいい」と教えることだけで，解決することが結構あります。そういう人は「家計予算」に合わせて，お金が入ったら支払い項目ごとに封筒に分けて入れる等，本人に合わせたツールを使って本人が管理していきます。

　そんなふうにご本人と相談して予算を決めて，週単位の区分け等をしても，どうしてもお金を使いすぎてしまう場合があります。家計予算の枠内に収めきれない場合には「しようがない，レシートを集めようか」と，この段階で言います。本人の生活，価値観を重視するので，この段階でやっとレシートを見て「夜中に買い物にいっている，お菓子が多い」とかがわかり，ご本人が「何とかしないといけない。無駄遣いはここだったんだ」となるのです。そうすると，きれいにレシートも集めてこられますし，一緒にレシートを見ながら「どうしたい？」とお聞きし，ご本人で何とか改善できるとなったら再度，自力で出納管理をしてもらいます。

それでもどうにもならない場合，たとえばアルコールやギャンブル依存症とかこだわりが強くて自制できないとかは，専門機関と連携しながら金銭管理のサポートをします。週単位でお金を渡せるように，相談員が通帳やお金を預かる等の支援をする場合もあります。そのようにしても，銀行に勝手に行って「通帳を失くした」と言って，手続きをしてお金を自分で勝手に引き出して使ってしまう人もいますが，その人その人のやれる段階に合わせて支援の仕方を考えなければいけません。金銭管理が必要な人やこだわりが強くて自制できない人の場合などは，支援も長くかかることになります。

「家計管理」と「出納管理」，「金銭管理」は違うというのを共通の認識にしていきたいと思っています。

5　家計相談支援の効果

福岡県，熊本県の新規面談の「家計再生プラン」

　家計相談支援では，どんな内容でプランをつくっているか，集計するのが大変ですが，2016年4月〜9月の半年間の実績データをとりました。震災が起こった熊本とそうでない福岡では数字にどんな変化があるか，震災が起こったらどのような相談が増えるかを知りたかったからです。福岡と熊本では家計相談を受けて立てたプランの支援内容にも違いが出ています（資料8）。

　相談時に家計表をつくったのは福岡では84％，熊本は100％となっています。福岡では「家計計画表」までつくったのが49％，「キャッシュフロー表」までをつくったのが23％，「再生プラン」は67％です。プランの内容は「家計相談の継続」「債務整理」「貸付あっせん」「緊急対応資金」「食料支援」「年金・手当の増収」「就職による増収」「就学援助」「各種減免」などです。こういうのが家計相談でプランとして出てきて，就職によって増収になる場合は自立相談支援事業所と連携し，「これくらいの収入があれば何とかなる」と相談します。

　「生活保護」「住宅確保給付」ができずに家計相談支援に相談に来られた場合，「これをしないとどうにもならない」と本人にも納得いただいて自立相談支援事業所につなぎ直す形でやっています。

資料8　福岡県・熊本県：新規面談の家計再生プラン作成実績集計表（2016年4月～9月）

家計相談支援内容	福岡県 件数	福岡県 割合(%)	熊本県 件数	熊本県 割合(%)
相談者数合計（人）	603	100	132	100
男性（人）	299	50	67	51
女性（人）	304	50	65	49
①相談時家計表作成	504	84	132	100
②家計計画表作成	294	49	132	100
③キャッシュフロー表作成	137	23	132	100
④家計再生プラン作成	**404**	**67**	**132**	**100**

家計再生プランの支援内容	福岡県 件数	福岡県 プラン割合(%)	熊本県 件数	熊本県 プラン割合(%)
⑤家計相談の継続	334	83	99	75
⑥債務整理	136	34	60	45
⑦貸付あっせん	99	25	38	29
⑧GC緊急対応資金	22	5	9	7
⑨食料支援	74	18	28	21
⑩年金・手当の増収	18	4	31	23
⑪就職による増収	99	25	89	67
⑫就学援助	42	10	7	5
⑬各種減免	20	5	29	22
⑭納付相談	75	19	66	50
⑮債務整理以外の法律相談	35	9	14	11
⑯住宅確保給付	20	5	9	7
⑰生活保護	44	11	26	20
⑱その他	101	25	23	17

福岡県の貸付あっせんの内訳（2017年4月～6月実績）

初回相談者数	502
①プラン作成件数	312
②貸付あっせん件数	47
・社協貸付	39（83%）
・グリーンコープ貸付	8（17%）
③その他	26

出典：グリーンコープふくおか・くまもとの家計相談事業所の実績より

資料8の左下にあるのが，2017年の4月～6月までの「貸付あっせんの内訳」の実績です。「グリーンコープは貸付があるから家計相談支援ができている」と言われますが，そんなことはありません。「初回相談件数」が502件で「家計相談支援でプランをつくった」のが312件，そのうち貸付あっせんをしたのが47件で，1割にも満たない件数です。

　貸付あっせん先は，社会福祉協議会（社協）へのあっせんが83％，グリーンコープは17％です。社協も住居の移転費用等を貸してくださるので件数も増えています。社協へのあっせんも含め，貸付は相談の入り口としては入りやすいので，相談につなぐ導入として今後も利用していけたらと思っています。

家計相談支援でみえること，その効果
　家計相談支援の強みのひとつ目は，「生活者の現状を本人自身が把握できる」ことです。本人が自分の状態がわかるのです。2つ目は，「家計表，キャッシュフロー表を本人と一緒につくっていく」ことです。その場に自立相談支援員も同席していますから，自立相談支援員としても相談者のことがよくわかります。自立相談と家計相談はアプローチの仕方が違いますから，別の視点から相談者の状況を把握できる利点があります。

　3つ目は，「いくらの収入があれば今の生活が維持できるか」を考えることができます。「今の生活を削りなさい」「我慢しなさい，あれもだめ，これもだめ」ではなく「今の生活を維持するためには収入がいくらあればいいか」を出すわけです。そうすれば「どうればよいか」という相談に切り替えることができます。

　4つ目は，収入を増やせないとなると具体的に支出を減らそうという相談になります。2万円が現状で不足していると，どれをいくらずつ減らすかを本人に考えてもらいます。

　5つ目は，「借金の返済や滞納の支払い」の問題は「家計表」「キャッシュフロー表」が役に立ちます。いつになれば支払いが終わり，その後どうなるのかがみえます。3年先までをつくって，家計の推移がみえるようにして，ご家庭の様子が変われば1年，半年ごとに家計表やキャッシュフロー表をつくり直すというように，状況が変わるたびにつくり直しをしています。

資料9　家計相談支援でみえること，その効果

①生活者の現状を本人自身が把握できる。
　　家計表やキャッシュフロー表により，家計の状況，収支はどうなっているか，本人が家計の現状に気づくことができる。
②支援者からも相談者の状況，家族も含め周りの様子・関係性がみえる。
③いくらの収入があれば，今の生活を維持できるかがわかる。
　・キャリアアップ訓練やハローワークでの就労訓練，就労準備支援や就労訓練（中間就労）に相談者の気持ちがつながりやすい。
　・家族や周りの人の協力を導き出すことも可能になる。
　・キャッシュフロー表で，具体的な赤字になる月と赤字額がみえる。
④収入を増やせない場合は，支出の範囲を具体的な数字で相談できる。
　・どの費目に課題があるのかがみえる。
　・支出枠の目標が定まる。
　・相談者ができる家計管理の方法を考える。
　・目標を定め，生活を見直していく。
⑤借金，滞納の問題には家計表とキャッシュフロー表が役に立つ。返済額や終了目標が定まり，将来がみえて生活の不安が希望につながる。
　・いくらまでなら借金の返済が可能かがわかる。
　・国民健康保険，介護保険，税金関係，校納金など支払える範囲内で優先順位をつけ，分割納付を相談するときにも役に立つ。
　・キャッシュフロー表で返済などいつまで頑張ればよいかがみえてくる。
　・家計再生の目処がわかると頑張れる。

家計相談支援の自治体への効果

　久留米市は人口30万人の中核市です。久留米市に2016年4月～9月の実績の提出をお願いし，それを基に厚生労働省で作成されたのが資料10です。2016年の半年間で「家計相談支援の決定件数」が166件。そのうち「国民健康保険滞納」が50件，「家計相談支援により分納計画を立てた」のが253万円。2016年10月での「納付済額」が185万円となっており，滞納したものが払えるように家計を立て直すことができたことが報告されています。久留米市は庁内から家計相談に回ってくる件数が多く，時間外の対応も増えましたが，庁内との関係はよくなっています。国民健康保険課からは冗談で「家計相談支援事業所に事務所をもっていきたい」と言われ，「それは困ります」と言っているくらい，家計相談支援は頼りにされています。

　阿蘇市もグリーンコープ生協くまもとが受託していますが，熊本の場合，阿蘇市，人吉市も含め，熊本市に拠点が1カ所しかありませんので，家計相談支援員は出張相談に行きます。片道2時間かかりますので，1回の相談で時間を

資料10　家計相談支援事業の効果

千葉県千葉市：人口約 97.4 万人　※家計相談支援事業は委託により実施

家計相談支援事業の支援決定件数　78 件
2015 年 4 月〜2016 年 3 月

→
- 市県民税の滞納が 13 件
- このうち，家計相談支援事業の支援により返済計画を立てた金額が 481 万円
- 固定資産税の滞納が 2 件
- このうち，家計相談支援事業の支援により返済計画を立てた金額が 50 万円

福岡県久留米市：人口約 30.7 万人　※家計相談支援事業は委託により実施

家計相談支援事業の支援決定件数　166 件
2016 年 4 月〜9 月

→
- 国民健康保険料の滞納が 50 件
- このうち，家計相談支援事業の支援により分納計画を立てた金額が 253 万円
- 2016 年 10 月時点での，納付済み額は 185 万円

熊本県阿蘇市：人口約 2.8 万人　※家計相談支援事業は委託により実施

家計相談支援事業の支援決定件数　42 件
2015 年 4 月〜2016 年 3 月

→
- 市県民税，国民健康保険税，保育料，公営住宅家賃等の滞納が 35 件
- このうち，家計相談支援事業の支援により返済計画を立てた金額が 839 万円
- 2016 年 3 月時点での，納税・納付済み額が 70 万円

出典：「生活困窮者自立支援の論点整理にむけたあり方検討会（第 3 回）」厚生労働省作成資料より

かけてやっており，阿蘇市でも実績が出て喜ばれています。家計相談支援は自立相談支援とは違うアプローチで全体がみえるので，困窮者の自立支援に大いに役に立っています。このような成果を出しながら家計相談支援の実績を今後も積み上げ，全国に広げていきたいと考えています。

■セミナー参加者との質疑応答

 1　家計相談支援の設置は義務ではないのか。
　自立支援は必須事業（国が 4 分の 3 を負担）だが，家計相談支援は任意事業（国が 2 分の 1 を負担）である。

 2　なぜ必須事業にしない，あるいは自治体によって実施しないのか。
　国庫負担が 4 分の 3 である自立支援に比べて，国庫負担が 2 分の 1 である家計

相談支援は，自治体への財政的な負担が重いことから自治体が実施に積極的でない。家計相談支援が何をするのかわかっていないこともあるが，わかっているところはその専門性に対し，相談員体制が確保できるのかの不安から首長が反対しているケースが多い。また，「市民の財布に行政は介入するべきでない」という考え方や，家計管理に関する自己責任論の強いこと，などが実施されない背景として挙げられる（2018年6月の法改正で，自立・就労・家計を一体実施すると国庫負担が3分の2に改正された）。

Q3 病院からではなく，妊娠・出産などについて直接相談が来ることがあるか。
A 最近は10代の妊娠などに関して自立相談支援事業所に相談が来ることがある。ただし，家計相談支援で解決できることには限界があると感じている。

Q4 家計相談支援が生活困窮者自立支援の範囲を越えて，多領域に広がっていくニーズがあるのではないかと感じたが，そのような動向はあるのか。
A 多領域に広がっていくことは，今後の可能性としてはあると思う。ただ問題は，相談員の報酬をどうするか。現在グリーンコープでは，組合員がワーカーズコレクティブを組織して自主的に携わっている。当人としては「雇われている」という感覚ではなく，「やりたくてやっている」ので成り立っている。生活困窮者自立支援の枠を超えて多領域に広がっていくためには，相談員の報酬や事業としての採算などが重要な点となると思われる。

Q5 社会福祉実践に熱心に取り組んできた人のなかでも，お金の問題についてあまり知らない人が多いという印象をもっている。お金の専門知識をもった人（少なくとも研修を受けた人）が早い段階から支援に関与できることが重要ではないか。
A 自立相談において，ある程度お金の問題の見立てができなければ，家計相談支援につながらないというのが現状である。そういう意味で，家計相談支援が入れるかどうかは自立相談の支援員の力量に左右されてしまう。しかし一方で，自立相談支援事業に吸収・合併されるような形（自立相談の支援員が家計相談支援を兼務するなど）では，家計相談支援の本来の力が発揮できないと考える。そのため，家計相談支援事業としての独立性は維持したまま，自立相談の初回の面談からお金のスペシャリストとして家計相談支援員が同席する，という形が望ましいと思う。

Q6 家計相談支援を必須事業にすべきとの意見があるが，必須事業になったとしても，活動や実践の基盤がない自治体ではうまくいかないのではないか。

A 家計相談支援が役に立っているかどうかを検証するためにも，まずは全国統一のデータが必要である。しかし任意事業であるという現状では，そういったデータもなく，自治体によってもバラバラである。そのようなデータをしっかり揃えるためにも，必須事業化は重要な動きであると考える。実践を積みながら研修を深めていけば力量はついてくると思う。

第Ⅱ部　生活困窮者自立支援における家計相談支援

相談事例から考える――支援の実態と課題

有田　朗（一般社団法人アルファリンク代表理事）

　私は，岐阜で週に3日間，生活困窮者支援の窓口で相談員をやっております。6年くらい前に，岐阜県がモデル事業に取り組むとお聞きし，それに誘っていただいて，初めて福祉に関わらせてもらいました。

1　家計相談支援とは

地域によって違う「家計相談支援」

　生活困窮者自立支援法の正式な施行から3年目を迎え，3年で見直すということで，いま，法改正の準備，法のテコ入れをしないといけないという話がされています。そのなかで「家計相談を必須にしていかないといけないのではないか」という意見が出ております。「就労準備支援」についても同じことがいわれています。今回は「家計相談支援」についてのお話ですが，これは今のところは任意事業です。

　福祉事務所のある自治体は，必ず相談支援の窓口をおくこととされていて，2年半前から実施されています。京都でも，京丹後市とか木津川市とか京都市はそれぞれ窓口をもっています。そこへ生活に困窮している人がきたら，面談してどう解決していくかを相談し，伴走型で，継続的な支援をしていくということになっています。

　それぞれの自治体ごとに抱える人口も違います。京都市ですと会社勤めや外国人の方もたくさんいたりしますが，田舎のほうは社会資源も全然違うと思いますし，そのなかでどういう方が来られるかは地域によって違います。

　私は今，相談支援を受ける仕事を岐阜市からNPOとして受託しています。昨年（2016年）は，3つの市で受託していました。岐阜市の人口は40万人くら

いです。県庁があり，裁判所，警察，病院も揃っていて，法テラスもあるという，県のなかでは社会資源が整ったところです。

　もうひとつの関市は人口9万人くらいです。最近，合併して市自体がV字型になっていまして，かなり広いなかに人口が9万人です。関市には，電車も都会の方に向かっていない電車があるだけです。80歳であっても車がないとなかなか生活ができません。「家計のことを相談したい」と窓口に来られるかというと，めったに来られません。

　あとひとつは，より小さい土岐市です。困窮している方はほとんど自分で来られないので，アウトリーチが多いです。かなり古い体質があるので，ご自分で困窮の相談にくる，生活保護の相談にくるというのは地域のなかで恥ずかしいことだという意識も強いようです。昔からいる人たちが多いと，市役所に行けば「どこの何々さん」と知っている人がいるので，なかなか行けないようです。土岐市は引きこもりの方の就労支援に注力しています。

　岐阜市は困窮相談の窓口が生活保護窓口の隣にあります。生活保護にどんどん申請がきます。保護ではないという方がどんどん困窮相談に流れてきます。「この人の相談に乗ってあげて」と，ほぼ全部（予約ではなく）飛び込みです。ほかの課から「納税相談に来られたが，納税がむりそうだ」とか，「年金の免除申請に来られたが，生活が成り立たないということだから聞いてあげて」と。

　それぞれの市で違いがあります。困窮相談窓口のスタイルとして，どれがいいということではありません。

家計相談支援のあり方

　昨日（2017年6月16日），京都府の生活困窮者支援事業の従事者に向けた研修をさせていただきました。特に今，家計相談支援が必須化するかもしれないということで，どんなことをやらないといけないのか，家計相談の人を雇いどんな仕事をしてもらうか，役所の担当者も知っていないといけないと悩んでおられます。相談支援員や就労支援員などとどのように役割分担をするか，ということもあります。

　「家計相談支援とは何か」というところからお話をさせていただきたいと思います。どんな方が来られているか，生活困窮者とはどんな人でしょうか。

資料1　新規相談者の状況（本人の抱える課題）

○新規相談者の抱える課題は経済的困窮をはじめ多岐にわたり，複数の課題を抱える者が半数を超える。

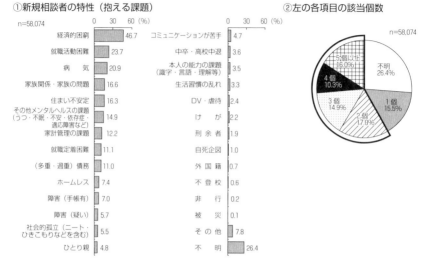

＊調査対象119自治体の2015年4月～2016年3月の新規相談受付5万8074ケースについてグラフ化したもの。

出典：平成27年度社会福祉推進事業「生活困窮者自立支援制度の自立相談支援機関における支援実績，対象者像等に関する調査研究事業」（みずほ情報総研株式会社）。

　経済的に困っている，病気だから働けない，仕事ができない，つらい。怪我もそうです。精神疾患，刑余者……等々。ひとつの着目ですが，お金の問題が絡んでいる人がほとんどだと思います。現に相談にのっている経験からみると99％そうです。お金の問題を直接支援するかどうかは別ですが，お金がなくなって相談に来られる方がほとんどです。

　私たちは相談者のお話を聞いて，どのような支援が必要か「見立て」をし，相談者と話し合って，「この人にはこういう支援をしよう」とプランをつくります。通常は1回目の面談では整理できなくて，2回，3回とお話を聞いてから，「この人はこういう支援でいこう，就労をこういう方法でみつけていこう」とプランを立てます。その上で担当相談員は，「このプランでいくが，いいですか？」と支援調整会議にかけます。委託であれば，委託者と受託者と関係機関が入ってプランを決定します。家計相談支援のような「任意事業」は，相談

資料2　家計相談支援とは何か

●問：家計に関わらない相談はどのくらいあるか。
●問：家計に課題のない相談は困窮者支援の対象か。
●問：家計に直接関わらない支援は困窮者支援としてありうるか。

〈イメージ図〉
家計相談支援？
家計に関する相談支援

出典：アルファリンク

仮に、「家計に関する相談支援」のうち、一部の支援（たとえば家計管理の指導のみ）を指して、「家計相談支援」と位置づけるのであれば、それ以外の「家計相談支援」に含まれない部分については、相談支援員が支援できなければならない。

一方で、仮に「家計に関する相談支援」はすべて「家計相談支援」と位置づけるのであれば、自立相談支援のほとんど、またはすべてが「家計相談支援」であることになり、結果（相談支援員は家計相談はしないとは言えなくなるので）、「相談支援員＝家計相談支援員」（みんな家計相談員である）ということになる。

「家計相談」をどう位置づけるかは、それが任意事業であることから重要な問題である（支援調整会議におけるプラン決定を経て行うものとされるから）。

しかし、いずれにしても「相談支援員」は「家計に関する相談支援」を一通り行うことが求められることになる。

支援員がつくったプランが支援調整会議で認められて初めて開始される仕組みです。

「この人は家計相談支援というプログラムがふさわしいだろう」とプランに上がってきて、行政として決定し、そこで初めて「家計相談支援員」が入るというのが、一般的な任意事業の仕組みです。

しかし、「それでほんとうにいいんだろうか？」と疑問に思います。

家計相談をやり始めた地域が増えてきていまして、岐阜市にも家計相談支援員がおります。一般的な家計相談支援はどんなことをやるかというと、「キャッシュフロー表を描いて収支を洗い出し、自分で気づいて直していくように支援していこう、継続的に」という話をされるんですね。そうだとすると「家計の管理、管理のなかのひとつの方法を覚えてもらうための訓練を家計相談支援と言うんだろうか？」という疑問がわきます。

資料2の図の太い輪が「管理の練習」だとすると、その外側の点線の輪が「お金に関する問題」です。お金の問題を扱うなかには、「管理」以前にやらなければならないことがたくさんあるのに、太線より外だが点線より中にあたる問題は、家計相談支援員でない人がやらないといけなくなるとすれば、「家計相談支援とは何か？」ということになります。

家計相談支援は何をするのか

だいたいの人は太線の輪（家計の「管理の練習」のこと）を家計相談支援と思っています。それはなぜでしょうか。

全国の家計相談支援を担当する方に対する研修で使われている，2016年度の厚生労働省の資料では，「家計相談支援とは家計に問題を抱える生活困窮者の相談に応じて相談者とともに家計の状況を明らかにして生活の再生に向けた意欲を引き出した上で，家計の視点から必要な情報提供や専門的な助言・指導等を行うことにより，相談者自身の家計を管理する力を高め，早期に生活が再生されることを支援する取り組みのことを指す」とあります。

支援の視点については，課題を「見える」ようにするとか，目標を一緒に設定する，自ら家計管理を続けていくということで，「管理」が重視されていると感じます。厚生労働省の書式，説明，研修では「家計の主体的な管理をめざす支援」だといっています。

だめだとは思いません。確かに「主体的な管理」を究極の目標，最終的な目標として支援することは大事だろうと思います。しかし，相談支援の現場に来る方は，そもそも管理するお金をもっていないことがほとんどです。収入がまったくないか，少なすぎるのです。

どうやって収入を確保するか，支出をどう削減するか，という検討をしなければ生活が成り立ちません。多額の借金滞納などについては，場合によっては返せないという判断もあります。「管理の練習」の前に，しないといけないことが沢山あります。

行政の現状

生活保護の行政の状態を考えてみましょう。多くのケースワーカーは1人で100人以上の生活保護の方を担当しています。毎月お金を払う仕事があり，面談をしてその人たちからさまざまな訴えを聞きます。本当は，その人たちが生活保護から抜け出せるようなケースワークをできればよいのですが，1人で100人抱えていると，お金を適切に渡したり，医療費請求を処理するだけでも大変です。人数が足りません。なかには怒鳴ってくる人がいます。担当者は潰れていき，それをまたほかの人でカバーしなくてはなりません。

そんな状態のところで働きたいでしょうか。普通は働きたくないんですよ，市役所の職員も。だから希望を出しません。行きたくないのに「君，頼むから2，3年くらい行ってくれ」と言われます。そうやって行かされる場所では，「2年間，何事もなく早く過ぎてくれないか」と思います。その人たちの多くは社会福祉主事の資格をもっていません。とにかく「誰もいないから行ってくれ」と言われて行きます。正規職員の多くはこんな感じだと聞きます。
　また，窓口をやっている人には臨時職員，非正規雇用がたくさんおられます。「(高齢者施設やその他の)相談の仕事を1年やったことがあります」という人がいれば，「ぜひきてください」となります。その方が窓口で怒鳴られたりしながらがんばっています。その結果，正職も，非正規も，生活保護の行政をやっている人が生活保護法もよく知らないという，これはまずい状況です。

2　「家計管理支援」ではなく「家計簿支援」でもなく

主訴「生活が苦しい」
　本来，家計相談支援というのは「家計管理支援」ではなく「家計簿支援」でもありません。しかし，いろいろな地域の行政担当者に「困窮者支援では家計のことをやった方がいいですよ。家計相談支援とは，こういうことですよ」と言うと，「なるほど。ではウチでもぜひ家計簿支援をやりたい」と言われます。「家計相談支援です」と言うんですが，なかなか変わりません。中身はわかっていると信じたいのですが……。
　「今，100円しかもっていない」，そういう人は生活保護にいけばいいでしょう。確かにそうかもしれません。だけど，どこに，何を聞きにいっていいかわからない人が，困窮窓口に来ることが多くあります。困窮窓口の担当者は生活保護制度をある程度理解しておく必要があります。
　また，自宅(持ち家)をもっている，車があるという人が，どんどん困窮してきて食べるものにも困ってきます。このような場合，多くの生活保護窓口では，「家を売って生活に充てて，それでも生活費がなくなってから来てください」ということになります。地方ではこのような案件が多いのです。親の世代，もっと前の世代から不動産はあります。敷地があって立派な昔の家があり

資料3 多くの場合「管理」すべき家計がない

厚生労働省の書式・説明資料・研修内容等は
家計表，キャッシュフロー表の作成など「主体的な管理」に重点。

たしかに
「主体的な管理」を最終的な目標として支援することは重要。
しかし，相談支援の現場で出会う多くの方は……
○そもそも収入がないか，少なすぎる。
○多額の借金・滞納がある。
○相談時，所持金・貯金がゼロ～数百円。
○郵便物すら見ていない，見ても理解していない。
○精神疾患・障害（疑い）等による判断力不足。etc

⇒家計管理はるか以前の状態（貸付も困難）

POINT　　家計相談支援＞家計管理支援≠家計簿指導

出典：アルファリンク

ます。田舎ですから，価値が高いわけではありません。不動産があっても売却するのに難しい状況があります。そういう人に，「柱をかじって生きなさい」と言うわけにはいかないはずです。生活保護をもらうことはできるはずなのですが，相談者はもちろん，場合によっては生活保護の窓口職員すら，知らないのです。

　不動産が亡くなったお父さんの名義になっているのも大変ですよね。そういうこと（相続手続など対処の方法）を行政も指導できないし，ご本人がわかるわけでもありません。どうやったらいいかという話になります。

　このように，多くの相談者は，相談する時点ではすでに今日明日の生活をどうするかに迫られていて，収支管理以前の段階が重要なことが多いのです。

相談事例と対応

　「3カ月前に離婚して母子家庭になった看護師のA子さん，これまでの激務

がたってうつ症状が出て仕事を休みがちになり，職場から退職勧奨を受けている。でも仕事を辞めたら生活できないし，娘は高校進学を控えた中学3年生。別れた夫がつくった借金が返せていない。家計が成り立たない」という相談について考えてみましょう。

「この後，もう生きていてもしょうがないかもしれない」というのを聞きながら，課題を整理しながら考えていくのがカウンターや面談室でやっていることです。

どんなふうにお聞きするかという「姿勢」は大事です。相談者が言いたいことをしっかり聞き，「この方は何に悩んでいるか，何を大事に，優先させたいと思っているか。こうなったのはなぜだろう」と考えます。特にこの方の「主体性」を大事にして「個人の尊厳」を守ることを目標に取り組みます。

しかし，「姿勢」だけではいけません。

「離婚」とか，「母子家庭」とか，「激務」「うつ症状」「仕事を休みがち」「退職勧奨」「進学」「借金の返済」。これらのキーワードそれぞれに反応するネタを，相談員はある程度もっていないと，「確かに大変だよね，悩みますよね」という受け止めだけではだめです。相談支援というからには，何らかの解決につながるようなアドバイスができないといけません。

たとえば本人が「離婚」と言っても，ほんとにそうなのか，そもそも結婚していなかった，もしくは同棲していて別居したのを，この人は「離婚」と言ったかもしれません。ちなみに，これから離婚するという人は，協議離婚でないとカッコ悪いと思うからなのでしょう，財産分与のこと，子どもとの面会権，養育費とかを決めずに，「子どもを抱えて困窮してしまう」と不安を感じていることが多くあります。そんな時は，これから離婚する場合のアドバイスをします。

「うつ症状が出てきた」という時には，医師の診断があったのか，なかったのか，病院に行っているのかどうか，行っているとしても定期的に通っているか，手帳がとれているかを聞き取ります。「お金がないから病院に行けない状況」であるという場合には，健康保険証が使えないようになっているからなのか，自立支援医療の手続きができていないからなのかというようなことを，家計相談支援をする人は，検討すべきネタを，ちゃんともっていないといけませ

相談事例から考える　93

ん。

　仕事を休みがちになって「辞めてくれ」という話になっています。この場合は，手続きを踏み，傷病手当金など，一定の収入を保証してもらってきちんと休むという方法があります。あるいは全然働けない状況だったり，ここで働くのは無理そうという場合は退職の仕方も考えます。

　「退職勧奨」という言葉を一般的に使いますが，「クビになった」と言ってくる人がいます。相談者の言う「クビ」というのが，強制的に解雇されたのかどうかは，よく聞いてみないとわかりません。多くの方は，働けないくらい仕事を与えられたり，仕事を干されて辞表を出したときも「クビになった」と言いますから，一つひとつ確認して，どの部分がポイントになるか踏まえた上で，必要な確認をとって，進めていきます。

　高校進学については，奨学金のことなどを知っているかなと想像しながら聞きます。

　「こうしなさい」とは言わないですが，「こんなものもありますよ」と，いろいろ情報提供します。こういう説明をしてもわからない人もいますので，わからない度合いに応じて，やることが変わってきます。

　みなさんには「窓口ではこういう相談に乗っているんだな」ということをイメージしていただければと思います。

管理以前にやるべきこと

　救急車で運ばれるとき，あるいは自分で病院に行くときのことを想像してみてください。「とにかく痛い，つらい，歩くのもきつい」という場合には，最初はどの科に行けばよいかわからないから，まず救命救急室とか総合診療科に通されます。もし単純に，「痛い」という主訴に答えるとすると，「わかりました，痛み止めを出します」となって，のみ薬をもらうことになります。でも，それだけでよいわけじゃあないですね。

　「痛いのはなぜ？」と調べてみると，「骨が折れている。こんなに腫れているじゃないか。なぜ腫れているのか」とか，「血液検査してみたら血糖値が高い。糖尿病かもしれない」というふうになって，原因や問題点がわかったら，それに対応できる専門の科に行くことになります。

資料4　家計相談員の役割

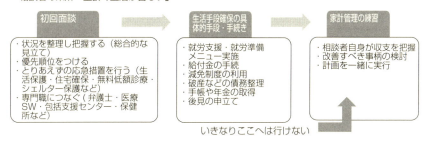

出典：アルファリンク

　そういうこと（状況を分析確認し，とりあえずの応急処置をすること）を最低限確保できた上で，リハビリテーション，運動機能の回復，生活指導，食事指導が大事になるのです。いきなりリハビリには行けません。

　相談者が「生活が苦しい，お金がない」と来られたときに大事なのは，その人のおかれた状況について，まず総合的な見立てをして把握し，優先順位をつけて，対処することです。まず応急処置として最低限の生活を確保する方法を考えます。具体的な制度を使って生活を確保した後で，はじめて，今後より良くなるように，管理の練習などを考えていきます。

　このように考えていくと，やはり，家計相談員の役割を「管理の練習」だと考えることはおかしいと感じられるでしょう。

　「家計相談支援」は，お金に関する見立てができる人が，支援の全体に対して，お金の専門家としての視点を提供することが重要な役割のはずです。就労のことを考える人，一般的な生活のことを考える人，精神面に配慮できる人と一緒に，プランをつくっていくことが必要です。相談者の支援プランのなかに，家計のプロフェッショナルの視点を入れて，支援全体に関わるのが「家計

相談支援」だと思います。

しかしながら，現在の多くの「家計相談支援」は任意事業とされているため，家計相談員は最初からは関わっていません。まず相談があって，プランがあって，支援調整会議で「家計相談支援が必要だ」となって初めて「（家計相談支援を）やりましょう」となります。そこで家計相談員が初めて支援に加わることになって，「この人の家計相談支援をしてね」と言われるので，家計相談員は収支を，また一から聞きます。相談支援事業と家計相談支援事業の委託先が違うと余計に困ります。

このような現在の仕組みでは，せっかくの家計相談支援員の専門的な視点が，最初に相談した時点で生かされるということにはなっていないのです。

家計相談支援員は初回相談から同席を

たとえば，急に仕事をクビになった方が来て，お話を聞いてみると結構，資格も経験もある人なので，「この人だったらすぐ仕事がみつかるだろうな」という感じでした。その人が言うには，「今が大変で2，3日分の生活費がない。ケータイも止まる。今，とりあえずのお金が何とかならないか」ということでした。

相談支援員としては，「就労はちょっと応援すればみつかるだろうし，当面のお金を借りられれば何とかなる」と考えて支援を始めました。まずハローワークに案内したところ，すぐにその日の面接の約束が複数とれて，次の日に面接して就職が決まりました。でもそこからしばらく初任給までのお金がありません。そこで社会福祉協議会では緊急小口資金とか，その他にも生活福祉資金といったお金を貸してくれるので，それで大丈夫だろうと見立てをしました。仕事も決まったし，とりあえずお金を借りて生活も確保できたからよかったよかった，と考えました。

けれども，この方にはちょっと無駄遣いとか借金があるということだったので，相談支援員は「家計相談をやってもらえる？」と家計相談支援員につなぎました。

ところが，家計相談を行うというプランを経て，家計相談支援員が収支を聞いてみたら，借金がB社，C社，D社とか出てきました。料金滞納や車の

ローンもあって，借金はどんどん増えてきます。家計相談員は「これは破産するしかないんじゃないの？」と考えました。

何がまずいか，わかりますか？「しょうがないな，破産しよう」となりますね。でも，破産したらどうなりますかね。社会福祉協議会で借りたお金もあります。生活困窮の支援機関として，ひとつの支援を行っていくにあたって，一方で「資金を貸して生活が再建するように応援しよう」，一方で「借りた金を返さなくてもいいようにしよう」ということで，まったく支援の方向性が違ってしまい，担当者同士でケンカになります。

最初から貸付が相応しくない案件だと判断していれば，当分の間だけ生活保護にするとか異なる方法もあるわけで，早く家計相談支援員の目が入っていれば気づけたのではないかなと思います。最初の相談からお金のことをある程度判断できる相談員が入らないといけないと思っています。

3 収入は増やせるか，支出は減らせるか

家計相談の技術について

家計相談支援は技術的な裏付けがある程度必要です。

「家計支援」の中身には，大きく分けて，収入を増やす，支出を減らす，あるものを管理する，という3つしか基本的にはないと思います。頭を柔らかくして，収入確保にはどういう方法がありうるか，支出を削るためにはどんな方法があるか，できるだけ多様なネタだけはもっていたほうがいいので，研修では書き出してもらうことをしています。

たとえば収入の確保についても，「稼ぐ」「もらう」「売る」「拾う」とか，いろいろな方法があるんですね。どれを選択するかは次の段階ですから，まずいろいろ考えてみて，特に家計相談支援員は「こういうときはこれがある」とノートを作っておけばいいかなという話もしました。「こういうことをみなさんに勉強してほしい」と。

収入の確保

たとえば，60歳以上の人であれば，老齢年金の話をします。老齢年金につい

ても給付に必要な加入期間など，要件が変わったりしますから，一通り知っておきましょう。障害がある人の年金はどうなるか，どれくらいのお金がどう払われるかを知っておいた方がいいと思います。失業したら失業給付の仕組みについても，どんなものがあるかだけを知っておけば，詳しい要件などはインターネットを調べればわかるわけです。気づくことさえできれば，「こういうのが使えるかもしれない，ちょっと待ってね」と調べればいいと思います。適切な情報が提供できるように，引きだしのラベルだけ付けておく，という感じがいいのかなと思っています。失業給付とか職業訓練で生活を維持する方法とか，怪我した場合の収入の確保，傷病手当とかです。

　離婚は多いですが，最近は，別居している人で生活費がないというのに対応することが増えています。正式な離婚はしていません。結婚している以上は扶養義務を負っているので，「子どもと妻の分も婚姻費用を請求してみるのはどうでしょう」というお話をします。

　80歳のお母さんの年金で50歳の引きこもりの息子が生活しているというような話も多いです。母親が先に亡くなって，年金が止まると，息子は生活できなくなります。そんな場合，どういう手続きがとれるでしょうか。息子は誰に相談したらよいかすらわかりません。挙げ句の果てには年金をもらおうと，母親の死を隠す人が時々出ています。相続手続きをして資産を売却したり，親の借金を放棄して生活保護を受給するとか，いろんな「お金に関する方法論」を考えるには，家計相談支援員の専門性を活用すべきだと思います。

支出の削減

　医療費を抑えるにはどんな方法があるでしょうか。「母子医療，自立支援医療，無料低額診療所の受診を考える」とかがあります。健康保険，年金などは減免制度があるので，これを利用したり，分納の相談をしたりします。

　税金の相談も多いです。「差し押さえされるまで放っておいた」「去年，一昨年は収入があったから住民税がかかり，払えないから放っておいた」「督促がきて赤い紙がきても放っておいた」「だって払えないもん」，と放っておいたら電気代，ガス代，水道代が引き落とされ，わずかなバイト代が入る口座を差し押さえられて，電話も通じなくなったという相談があったりします。もう少し

早く相談してくれたらなと思います。一回差し押さえされるとなかなか外すのは大変です。一担当者が差し押さえする，外すという判断はできません。納税課の課長とか権限のある人の許可をとって「この人は今後こうやって払うということだから，何とか差し押さえを外してほしい」というのは大変です。

　支出として最も多いのは大抵，借金の返済です。これに対処することは，支出の削減のためにとても重要です。しかし，個々のスキルというより，一般的に，今まで福祉専門でがんばってきた方たちは，債務整理などに苦手意識があります。私たちの窓口では借金の相談で包括支援センターからつながってくる案件がたくさんあります。地域包括支援センターのケアマネジャーとか介護事業所の方と一緒に相談者が来られることがよくあります。地域包括支援センターの方だけで相談に来られることもあります。おじいちゃんのお金の問題，認知症があるかもしれないという相談，布団やら壺やら買わされている，あるいは介護費用が払えないという悩みもあります。なかには，担当している高齢者の同居の息子が借金だらけだということが判ったがどうしようか，とかいう話もあります。そういう話を，普段そばにいて介護の現場で接している人は，気がついてもどうしていいかわかりません。

　今まで（生活困窮の窓口ができるまで）は，介護の職員さんとしては，「どこかに相談してみたら？」「弁護士さんに聞いてみたら？」と言うしかなかったのが，今は生活困窮者自立支援法の相談窓口につなぐことができるので，こういう相談がたくさん来るようになりました。

　ところで，債務整理については正確でない噂がいっぱいあります。「破産したら外国に行ったらいかんらしい」「仕事ができなくなるらしい」とか，なかには「戸籍に載る」とか言うのです。そういう国とか時代もあったかもしれませんが，生活保護に負けないくらい，いい加減な噂がいっぱいあります。

　大事なのは「その借金は本当に返さないといけないものなのか」を最初に考えることです。別れた夫の借金の返済とか，本当に必要なのかということです。困窮相談のなかには，自分の借金ではない，保証しているわけでもない，相続のことを考えていないといった場合が結構あります。

　たとえば，「先週父が亡くなったので，親父の借金を今後は自分が返していかないといけない。どうやってお金を工面しようか困っています……」という

相談については，もしかすると相続放棄をすれば済むかもしれません。あるいはお父さんが返さずに放っておいたので時効になっていることもあります。消費者金融の借金はずっと返済していなければ原則5年で消えます。裁判になったときなど例外がありますが。

　心配なのは，基本的なことを知らないと，返さなくていいはずの借金を「どうやって返していくか相談しましょう」と相談にのって，「ここから1万円捻出できそうですね，それで交渉してみようよ」とやっちゃうんですね。相談員が勧めて。そんなことをすれば時効になった債務や他人の債務を，自分の債務として認める話になってしまい，もともと返さなくていい借金を返さざるをえない立場にしてしまうことにもなりかねません。これでは支援でも何でもありません。場合によっては損害賠償の問題になります。

　そういうことのないように最低限，本人が返さないといけないのかをチェックした上で考えるようにしないといけません。この点でも，お金の問題について一定の知識のある家計相談支援員が一緒に相談を聞くことは有効だと思います。

家計の管理

　まず重要なのは，お金の管理をできるように助言する前に，その方にできそうなのかどうかということを考えることです。

　私が接している相談者のなかには，「(指導・練習を)やっても無理でしょうね」という方が結構多いです。誰でも練習すれば家計を管理できるわけではなくて，精神的疾患や知的障害が強くて，たとえば足し算するのも大変とか，人から強く言われたら貸してしまうとか，こういう方については管理の練習だけでは意味がないことも多いです。

　他人の助けがあれば管理できる，という程度であれば，社会福祉協議会などがやっている金銭管理の契約をして，管理のお手伝いしてもらいます。自分でまったく管理できない場合には，成年後見制度を使うことも考えられます。窓口の担当者だけで適切に判断できなければ，地域で応援してくれる専門職の人に考えてもらうこともあります。「自分で管理するのが難しいので保護者が必要ではないか」という気づき，見立てが大事だろうなと思います。

相談事例と対応

　家計相談支援員の対応が必要な事案かどうかは，実際に相談者の話を聞いてみなければわかりません。しかし経験上，生活困窮の窓口に来られる人については，家計に関係のない相談はほとんどないのではないかと思います。お金に関する専門員として，他の相談支援員とは少し違った視点から事案をみてアドバイスをするのが，家計相談支援員の役割ではないでしょうか。

　次は「警察で紹介された」と窓口に来られた人の事例です。

　60代の男性ですが，「運送の仕事をしていたが，人身事故を連続してやってしまって仕事をクビになった。90代の母と二人暮らしで，毎晩抱きかかえるようにして何度もトイレに連れていく。眠たくて何もできない。結局何度も事故を起こすことになった。自動車代とかを会社に借りたままで返せない。もう死ぬしかない。自分はどうでもいいが母をお願いしたい，預かってくれ」ということでした。

　この男性は，介護認定のことも知らず，年金についても「偉い人がもらうもの」だと思っていて知りません。運送の仕事については，「箱を渡されて運んだ量で歩合給をもらう」と言います。時給はなく，残業もない，保険もないといいます。本人は「仕事をクビになった」と言いますが，車もなく，免許も停止なので仕事をさせてもらえないということのようです。

　「家賃は1年以上待ってもらっている。自動車代，倉庫を買うために会社から200万円借りた。3回の人身事故で1回はおばあさんが寝たきりになった」「警察から『50万円と30万円，来週までに払わないと刑務所にいけ』と言われている」，そういうことを言っていました。

　どんなふうに思いますか？　どんな支援があるでしょうか。

　研修で聞くと，みなさんグループで検討して，鋭い視点，意見を出してくださいますが，感じることは似通っているようです。

　「この人，知的障害なのかな，認知症なのかな」「言っていることがおかしい」「間違いだらけ，わかってないことが多い」「きっとこの人は雇用されていない」「請負ではないのか」「警察が『50万円，30万円払え』と言うわけがない」など。

　「警察の話」については，ひとつのグループが気づきましたが，実はこの人は交通事故による罰金刑を受けていて，労役場留置といって，罰金を払わない

と1日5000円換算で拘置所に入って体で払う仕組みになっています。検察庁で説明を受けたのでしょうが，それを言っていたんですね。

　この件については，まず2人世帯で生活保護を受けられるようにしました。そして，お母さんには施設に入って必要な介護や医療を受けられるように手配しました。息子は「労役場留置」を受けてもらうしかないのですが，今すぐに施設も生活保護も確保できるわけではありません。このままの状況で息子が留置につれていかれるとお母さんは死んでしまいますから，検察庁に刑の執行を待ってほしいと相談しました。検察庁も配慮してくれて，結局，お母さんの施設入所が整ってから，労役を執行してもらうことができました。

　この案件が家計相談支援なのか，というとそうとは言えないでしょう。

　でも，この相談を考えるにあたっては，「警察に払うお金」の意味を理解することが必要で，その罰金を支払う可能性があるか家計の検討が必要でしたし，そのためには運送の仕事の性質や契約内容を理解することも必要でした。

　ひとつの相談に対応するときに，福祉的な視点と同時に法律や契約や行政の仕組み，あるいは金融に関する知識が必要だったり，役に立ったりすることは往々にしてあります。相談に当たっては，できるだけ多角的な視点からみることが大事だと思います。家計相談支援員の知識が使えることも多いと思います。

おわりに

　生活困窮者の相談支援においては，お金に詳しい人，経済や法的，行政的な制度を知っている人，そういう視点でみられる人が，支援全体を一緒に考えることが重要だと思います。相談支援員，家計相談員，就労相談員が，バラバラにやるのではなくて，多角的な視点をもちつつ，ひとつの支援として入るのが重要だなと思います。家計相談支援を必須化するなら，是非そういう方法でやったらいいなと思っています。

　「家計相談支援」についてイメージをもっていただけたでしょうか。

　どうもありがとうございました。

■セミナー参加者との質疑応答

Q1　家計相談支援の窓口に相談者が来なくなり中断してしまうことを危惧している。

A　家計相談は家計簿管理・指導をすることではない。煙草やパチンコ，飲酒など嗜好嗜癖による支出を，管理・指導によって抑えるような行為を「家計相談」と言うのであれば，相談者が好んで交通費を支払い，時間を作り，叱られに来ないのは当然だといえる（信頼関係が構築されている上でならばありうるが……）。家計相談の働きかけは，まずはきちんとメリットをお伝えすることが重要。減免制度等の具体的利用方法や手続きの同行支援等丁寧な対応で，相談者にメリットが伝われば来所につながる。「指導・教育」というような家計相談支援の理解を変える必要がある。

Q2　複数世帯の支援が難しい。生活保護制度の場合は世帯単位で行うが，困窮者制度では個人が対象となる。当事者個人と他の家族成員とを切り離して考えることが難しく，支援の仕方が困難な面がある。

A　困窮者支援制度は，「相談に応じる」ということが最も重要だと考える。つまり，相談者の苦しさや悩みに寄り添って本人自身が希望をもてるように助力する。生活保護が最低限度の生活保障という客観的な結果を最重視するのと大きく異なる。個人単位か世帯単位かという違いは，そこから出てくることだと思う。生活保護と違い，生活困窮者支援は調査権限も措置もない。強制力がない。家計相談についても，指導的立場ではできない。ご本人と一緒にやること，つまり主体性への支援がプロセスになければ難しい。

Q3　新しいことに取り組みやすい組織や団体，また直営方式あるいは社協や民間企業委託の場合のそれぞれにメリット，デメリットはあるのか。

A3-1　NPOは一般的に，新しい事に取り組みやすいし，支援方法を柔軟に構築できる。ほかの法律や制度を跨ぐことも容易だ。また，すでに理念をもって活動してきた団体は，さまざまな模索を経て深みのある支援方法をもっている。これに比べ社協は経済基盤もあり，スタッフの平均的な力量，福祉の基盤も考えれば，NPOより自由度は下がるものの，ある程度の保障があるように思う。社協の別メニュー，たとえば緊急貸付との組み合わせや，成年後見に対応しているところもあり，また民生委員等地域とのネットワークも考えれば「や

る気のある社協」にはかなり強みがある。

A3-2 困窮者制度での支援終結となった後でも，何らかの支援が必要だとアセスメントできるケースの場合，社協独自の総合相談支援に切り替え継続的にフォローしつつ，また様態が悪化することがあれば生活困窮に戻すといった支援の連続性が社協だと可能となる。そこは社協のメリット。行政直営だと一般的にはそのようなシステムづくりが難しく，担当者の異動などもあり「ぷっつり」と切れてしまいそうな気がする。

Q4 多職種連携，地域づくりをも含めた地域包括ケアについて。実際に地域連携はできているのか。自治体間・地域間格差が大きい。評価システムが確立していない要因もあるのではないか。

A4-1 複合的な課題を抱えた方の支援は，困窮の窓口だけでも地域包括支援センターでも単体では成立しない。実際の連携がどこまで実現，実施できるかは，自治体や地域の力に拠ってくる。現場レベルの連携としては，支援者同士の「顔の見えるつながり」が重要であり，日ごろの交流があるかどうかが大きい。一方で「地域づくり」というようなよりマクロな視点でいえば，力のあるリーダーがいるかどうかが大きい。首長の理解があるかどうかが大きいと感じる。

A4-2 連携した上でどういう資源が使えるかが重要で，たとえば制度上，生活保護制度と生活困窮者支援制度はダブル利用が原則不可能。現金給付は生活保護，生活支援サービスは困窮者支援とそれぞれが切り離されている。しかし実際，両方必要な方はいる。たとえば保護を使いやすくするため，生活・住宅・教育・医療等各個別扶助を必要に応じ部分的，柔軟に使える仕組みを新たに考える必要があるのではないか。社会手当化され制度の相互交流的な形となれば，生活保護利用のスティグマも減らせ本人の尊厳も保てるのではないか。連携を考える際，各制度，機能をどのように使うかの議論を続けることが重要。

Q5 生活相談と家計相談との関係や住み分け，支援のタイミングについて。また家計相談担当者に多い資格があるのか。

A 1人の相談員がすべての分野に詳しく，総合相談支援を担えるような人はなかなかいない。所属するNPOでは，初回面談から生活相談員と家計相談員が同席対応し，多角的視点でアセスメントすることを心掛けている。その上で，たとえば就労支援だけでよいという判断ができる場合は，途中から家計相談員は外れる。家計相談支援員は一定の経済や法律，お金に関する知識が必要だが，資格と

しては社労士や消費生活アドバイザー，FP，行政書士などさまざま。資格はあまり関係ない，何をやるかが重要。

Q6 任意事業である家計相談支援は必須事業化されるのか。その他必須化を検討されている事業があるか。

A 2018年（3年毎）の法改正で家計相談，就労準備が必須化を検討されているようだ。

Q7 生活保護へのつなぎが難しいこともあるのか，生活保護側が受けないというような対立構造は発生していないのか。

A 私の実感としては，対立関係はあまりない。生活困窮支援に長く関わっていると生活保護制度にも詳しくなり，生活保護のケースワーカーから質問や相談をうけることもある。しかし一般には「生活保護にならないようにするのが困窮支援の役割」というような誤解もあり，困窮支援のスタッフが生活保護につなげることを「できる限り避ける」ようなことは起きうる。また生活保護の受付担当者としても，受給の要件に悩ましい点のある人については，困窮者窓口につないでしまえば悩ましい状況を脱することができるから，容易に回付してしまうおそれがある。つまり，生活困窮者支援の窓口は，十分注意しないと，水際作戦の実施主体となるおそれがある。

第Ⅱ部　生活困窮者自立支援における家計相談支援

ソーシャルワークの位置づけと課題

鵜浦直子（大阪市立大学大学院生活科学研究科講師）

「家計相談支援とソーシャルワーク」についてお話しさせていただきたいと思います。私自身，このテーマで研究を始めたところですので，少し理論のところでの家計相談支援について，今後，どのようにソーシャルワークとしてこの問題を扱っていったらいいかということでお話をさせていただきます。

1　家計相談支援が注目される背景

注目される家計相談支援

2015年に「生活困窮者自立支援法」が施行されました。そのなかで，任意事業ではありますが，「家計相談支援事業」が入り，家計，生活のやりくり，収支についての支援が展開されるようになりました。そして，「生活困窮者自立支援のあり方等に関する論点整理のための検討会」（以下，「あり方検討会」）では，自立相談支援事業と共に家計相談支援を行っていく必要があるとして，この事業を任意事業から「必須事業化」していこうという議論があります。このように，家計相談支援は現在，注目されるようになってきています。

こうした家計相談支援がソーシャルワークや社会福祉分野で注目される動きは，アメリカでもみられます。2016年10月の全米ソーシャルワーカー協会（NASW）が発行している『Social Work』Vol.61, No.4 では "Financial Capability and Asset Building in Social Work" という特集が組まれていました。2008年，リーマンショックがあり，それによって，アメリカのソーシャルワーカーたちも，相談にやってきたクライエントの家計の面，Financial Capability（経済的資源の活用），すなわち自分の収入をどう生活のために使っていくか，そして，使っていくための収入をどう獲得していくかに関心を寄せる

ようになってきていることが紹介されています。

　私自身，NPO にも所属して，成年後見制度の後見活動を行っています。日々，ご本人のお金を預かり，家計のやりくりをしています。そのなかで，ご本人は自宅に住んでおられるが，次の居所に移らないといけない状況になる時，「ここの施設に入りたいが，この収入では難しい」ということがあり，お金によって選択肢の幅が狭くなることがあります。生活を支援していく点において，お金をどうやって獲得し，使っていくのかは大事なテーマだと実感しています。

　今日，お話ししたいことは，最終的には「ソーシャルワークにおいて家計相談支援をどう位置づけていくか」です。まず，家計をめぐるニーズをもっている人たちがどういう状況にあるかについて簡単に確認させていただきます。次に，前述したアメリカの NASW の『Social Work』のなかで取り上げられていた Paul H. Stuart（2016）の論文を踏まえ，「ソーシャルワーカーは家計とどう向き合ってきたか」という歴史について触れたいと思います。そして，家計相談支援における課題，本人の意思・意向について考えたいと思います。単に収支のバランスがとれればいいという話ではなく，そこにはご本人の意思，意向もあります。そこで考えないといけない課題にはどういうものがあるか。以上を踏まえ，ソーシャルワークと家計相談支援をどう考えていくかについてお話ししていきます。

家計に関するニーズをもつ人たちの現状
　(1)　**生活困窮と関連するさまざまな問題状況**
　まず，家計をめぐるニーズをもっている人たちの現状です。2016年10月の「生活困窮者自立支援のあり方等に関する論点整理のための検討会（第 1 回）」の資料（2016年10月 6 日）において，資料 1 に示したように，生活困窮と関連するさまざまな社会状況の例が挙げられていました。これらの例をみていきますと，得られる収入が少ないことによって，経済的困窮に陥り，家計のやりくりに問題が生じ，さまざまなところで支障をきたすような状況におかれることになるということがわかります。

資料1　生活困窮と関連するさまざまな社会状況（一例）

- 福祉事務所を訪れたが生活保護受給に至らなかった者　年間40万人
  　　　　　　　　　　　　　　　　　　　　　　　　　　（2011年度推計値）
- 生活保護受給者数　約215万人（2016年6月速報値）
- 失業期間2年以上の長期失業者（15～64歳）　約47万人（2015年労働力調査）
- 地方税滞納率（金額ベース・現年分）　約1.1%（2014年度）
- 国民健康保険料（税）滞納世帯数　約336万世帯（2015年度）
- 過去1年間に経済的事情によって，電気料金の滞納があった世帯　4.5%
  　　　　　　　　　　　　　　　　ガス料金の滞納があった世帯　3.9%
  　　　　　　　　　　　　　　　賃貸住宅家賃の滞納があった世帯　6.6%
  　　　　　　　　　　　　　　　　（2012年生活と支え合いに関する調査）
- 貯蓄のない世帯　約16%（2013年国民生活基礎調査）
- 若年無業者（15～34歳の非労働人口のうち家事も通学もしていない者）
  　　　　　　　　　　　　　　　　　約56万人（2015年労働力調査）
- ひきこもりのいる世帯　約26万世帯（2006年度推計値）

出典：「生活困窮者自立支援のあり方等に関する論点整理のための検討会（第1回）」（2016年10月6日）資料3

(2) 自立相談支援機関における新規相談受付の利用者状況

　また，2015年4月から2016年3月の生活困窮者自立支援制度の自立相談支援機関における新規相談受付した利用者の状況については，全体の約6割が男性で，40～50代で働いていない男性は全体の21.4%を占めていました。65歳以上の相談者は全体の18.5%でした。高齢になると，働いて収入を増やしていくことが難しい側面もあり，どのようにお金を確保していくかという問題が出てくると思います。なお，新規相談者の抱える課題として「家計管理」は12.2%でした。

　プラン作成対象の状態にある人たちが抱えている課題として最も多いのは「経済的困窮」です。そして，75歳以上においては「家計管理の課題」が挙げられているのが特徴です。65歳以上の高齢になってくると，家計管理の相談がほかの年齢層に比べて上がります。ご本人は高齢になって判断能力が不十分になり，ご自身でのやりくりは難しくなります。入ってくるお金も他年齢層に比べると，増やすことに限界があります。家計管理の難しさが出てくるのではないでしょうか。

　そして，まさに必須事業の議論につながってきますが，任意事業でありながらも2015年から1年間で「家計相談支援に取り組んでいる」という自治体の割

資料2　日常生活自立支援事業の実利用者数の年次推移

出典：全国社会福祉協議会『平成27年度累計における日常生活自立支援事業の問い合わせ・相談件数，実利用者数の実施状況』

合は前年に比べて48％増えています。4つほどある任意事業のなかで一番の伸び率です。支援していく上で「家計」に注目することが大事になってきていると思います。

(3) 家計を自分で管理することに関してニーズをもっている
　　——判断能力が不十分な人たち

　これも「家計管理」のひとつのテーマになるかと思います。まず，判断能力が不十分な人たちの家計管理を支援するひとつに，日常生活自立支援事業があります。全国社会福祉協議会が「日常生活自立支援事業の実利用者数の年次推移」（資料2）を出していますが，2015年度時点における利用者数は約5万人となっています。年々，日常的な金銭管理のサービスが必要という人が増えていることがわかります。

　次に，成年後見制度です。「成年後見」「保佐」「補助」「任意後見」を含めて，2016年12月時点で累計20万人が成年後見制度を利用しています。そのうち，後見類型で利用している方が8割を占めています（資料3）。

　現在，認知症高齢者が増えています。2012年の時点で認知症と呼ばれる人たちが462万人いるといわれていました。2025年には，その数が700万人くらいに

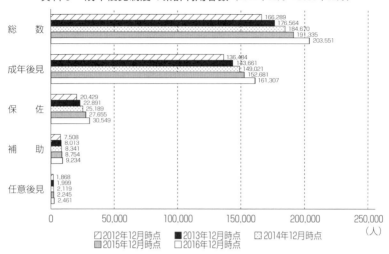

資料3　成年後見制度の累計利用者数（2012年12月〜2016年12月）

出典：最高裁判所事務総局家庭局「成年後見関係事件の概況　平成28年1月〜12月」

増えるのではないかといわれています。独居，夫婦世帯，子どもと離れてという方たちも含めて，住み慣れた地域で暮らし続けるための「地域包括ケアシステム」が提唱されていますが，そもそもそうした暮らしを維持するための生活費をどのようにやりくりしていくのかという点にも目を向けていく必要があると思います。どういう手だてで支援していくのか。成年後見制度でいいのか，日常生活自立支援事業でいいのか，それ以外の手段でやるのかが今後求められるだろうと思っています。

入ってくるものが少ないことによってやりくりが難しい方に関しては，まずはどう収入を増やしていくかというアプローチを行うとともに，入ってきたものを適切に活用しながら，収支のバランスをどう図っていくかというアプローチも求められると思います。

判断能力が不十分な人たちは，入ってくるお金を自分で使う時に誰かの支援が必要になります。そこでは，収支のバランスをとっていくことが大事ですが，プラスマイナス0になればいいのではなく，自分の生活がよりよくなるためにきちんとお金を使っていく視点が不可欠であり，生活の質に結びつけなが

ら家計管理していくことが大事になってくると思います。

2　家計相談支援をめぐるソーシャルワークの歴史

ソーシャルワークと家政学との関係に関する変遷

　それでは，ソーシャルワークがどのように家計と向き合ってきたのかについての歴史をみていきたいと思います。Stuart［2016］の論文をもとに，5つのポイントからみていきたいと思います。また，Stuart［2016］の考察を踏まえると，ソーシャルワークと家計との関係に関する変遷については，資料4のように示すことができます。

⑴　家計相談を担う専門スタッフの雇用——慈善組織協会とセツルメント

　ひとつは，ソーシャルワークの起源でもある慈善組織協会とセツルメントの活動のなかで「家計相談」を専門的に担うスタッフを雇用していたという点です。具体的に専門スタッフはどのようなことをしていたのかといいますと，クライエントの家計調査を実施し，生活費の予算立てをしたり，そこで働くワーカーたちに対して助言し，予算立てのためのツールの活用を支援するなどしていたといいます。また，セツルメント職員のなかには，近隣住民のFinancial Capability（経済的資源の活用）の改善に従事するスタッフもいたとされています。たとえば，貯金するための切手プログラム（saving stamp program）の活用や，住民たちに近隣の預金銀行や貸付の情報を提供するワーカーたちに向けたガイドの出版などが挙げられていました。

⑵　家政学の発展

　2つめは，家政学の発展です。家政学がスタートするのは南北戦争の頃，大学教育のなかで家政学が誕生します。もうひとつ，農業協同組合が登場しますが，そこで提供されるプログラムに家政学者が参加し，その地域にいる家族とお金のやりくりについて考え，一緒に仕事する機会を家政学の人たちが得ていったということでした。家政学の人たちは，大学から地域に出向き，生の生活にふれる機会を得て，次のような声を聞くことになります。それは，慈善組織協会，セツルメント等と取り組んでいくなかでワーカーたちから，「乳児死亡率，幼児死亡率が高いこと，住んでいる生活環境が劣悪であること，食事の

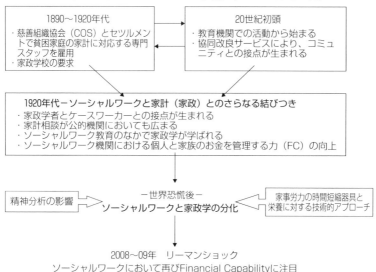

資料4 ソーシャルワークと家政学(Home Economics)との関係に関する変遷

出典：Paul H. Stuart（2016）Financial Capability in Early Social Work Practice : Lesson for Today, *Social Work*, vol.61, No.4, pp.297-303. を参考に作成。

栄養バランスが悪いこと。それをどう改善するか，どういうアプローチをしていけばいいか，それについての知識がほしい，学べる機会がほしい」という声でした。そこから家政学，家政学校をどうつくっていくかという話になっていったということです。

南北戦争の大学教育で有名なキャサリン・ビーチャー（Catherine Beecher）が「家政学，家政を研究として扱っていくことは価値がある」と言っています。生活，食事をつくる部分についてきちんと研究していくことがこの時点でできあがっていきます。

(3) 公的機関における家計相談の展開

実際に地域に出向くことで，家政学者たちがさまざまな人たちと出会っていきます。そのことにより，低所得者の人たちだけがお金のやりくりに困っているわけではなく，中所得の人たちも同じように家計に関する問題を抱えていることに気づいていきます。そこで，3つめですが，公的機関において家計に関

するサービス提供が必要ではないかということになりました。具体的な取り組みが州で展開されていきますが，ひとつは訪問家事援助員（visiting housekeeper）の派遣です。母親が病気になり，ご飯がつくれない，掃除ができないといった家庭のニーズに対して，今のホームヘルパーのようなものを派遣していきます。家計簿を手段として使うことも，この当時，やっていたということがありました。

(4) ソーシャルワーク教育における家政学の展開

4つめは，ソーシャルワーク教育における家政学の展開です。セツルメントにおいて家計や家政のことを提供する授業が行われていました。ケースワーカーの教育では，中所得者，低所得者を対象とする教育がありました。また，専門職ソーシャルワーク・カリキュラムに家政学が含まれました。例としては，「グループワークの母」といわれるコノプカ（Gisela Konopka）が所属していたウェスタンリザーブ大学があります。ソーシャルワークの老舗の大学において家政学が取り入れられ，ソーシャルワーカー教育がなされていました。また，家政学者に向けたソーシャルワークに関する夏期講習を慈善組織協会で提供していたということもありました。

(5) ソーシャルワークと家政学の分化

5つめは，ソーシャルワークと家政学の分化です。1920年代の中ごろまでは，多くの機関が家政学者を雇用していたとされています。その後，世界恐慌が起こりますが，このあたりからソーシャルワークと家政学は独立して発展していくことになったということです。その背景には，ソーシャルワーカーたちがクライエントの心理的問題に焦点をあてていく，すなわち，精神医学，フロイトの影響を受けて心理面の方にソーシャルワークが傾倒していくという動きがあったからだと考えます。

ソーシャルワーカーたちは専門職化に向けたプロセスをたどり，家計のやりくりから離れていきます。家政学も生活の全体をみていくというよりも，住まいや，食などスペシフィックなところに研究者は目を向けていくようになったとされています。家事労働の時間短縮器具や家事時間を短縮するためにどういう機器をつくっていくかということや，こういう食事のとり方をすれば効果的な栄養がとれるということに関心を寄せていったということでした。朝昼晩，

食べることが健康的だとしても，親がちゃんとつくってくれるかどうか，お金があるかどうかも含めて，そのことを前提にして栄養の話ができると思いますが，そうしたことを抜きに，それぞれがスペシフィックなことを考えていくことになっていきました。

⑹　ソーシャルワークと家政学との関係に関する変遷

最初は互いに影響を与えあいながら，20年代までは学びあう関係だったものが，世界恐慌以降，精神分析の影響を受け，それぞれのところでテーマとするものがスペシフィックなものになっていきました。

その後，1960年代のアメリカで「貧困の再発見」がありました。今まで経済的に好調で「貧困問題は解決された」といわれていたのが，実際は貧困状態にある人たちが大勢いて，もう一度，ソーシャルワークはそのあたりについて考えないといけないのではないかということになりました。しかしながら，それ以降も，家政学との関係のなかでソーシャルワークが語られることはあまりなかったといえます。それが，リーマンショック以降，再びアメリカでも家計やFinancial Capability（経済的資源の活用）に焦点があてられる状況になりました。

リッチモンドの Friendly Visiting Among the Poor

ここで，リッチモンドの Friendly Visiting Among the Poor（『貧しい人々への友愛訪問』）を紹介したいと思います。リッチモンド（Mary E. Richmond）が，慈善組織協会で貧困家庭に対して支援している訪問員のためにつくったハンドブックです。この度，翻訳しまして，出版しました［門永・鵜浦・髙地 2017］。そのハンドブックから，家計と接点のあるところをお話ししたいと思います。ソーシャルワークが誕生する初期の段階において，一人ひとりに密着する形で援助していたという姿が，リッチモンドによってありありと描かれていることがわかります。

まず，第4章「主婦」の中で描かれている「食事の改善を促す取り組み」では，「貧困家庭に対して日常の食事内容に変化を促す際には，その家族をよく知っておくことが何よりも大切である」と指摘しています。そして，ボルチモアの友愛訪問員が取り組んだことについて次のように記しています。

「ボルチモアの，ある友愛訪問員は，貧しい家庭の友人と市場でばったり出くわすように計画立てて，特価の肉を勧めたり，野菜を買うのに最もよい店などについて話したりするようにしている。結局，新しい食事を取り入れるのには，子どもたちをとおしてそうはたらきかけるのが最も効果的だった。土曜日の朝に自分の家の台所に子どもたちを招いて，上手く手伝わせながら，自分流の調理のやり方に協力してくれる人材を確保するようにした。そうして，簡単な料理を作るための最適な方法を教えている」[門永・鵜浦・髙地 2017：52]。

単に口でいうのではなく，直接，そういう場で計画を立て，いかにも偶然を装って，「あそこのお肉安かったわ，野菜はいいわよ」と友愛訪問員自身も生活者の一員として伝えていきます。生活をどのように組み立てていくのかを丁寧に教えようとしていることがうかがえます。ハンドブックという形で訪問員に伝えているため，具体的で面白く，生活を支援するということはこういうことではないかと示唆を受けるところです。

また，第7章「消費と貯蓄」では「勤勉と節約のあり方」が書かれています。この当時だからでしょうが，勤勉，節約ということを，貧困家庭の人たちに勧めていきます。そこでは次のように書かれています。

「貧しい人が貯蓄しようと思う最も大きな動機は何なのか。彼は，何よりもまず，明確かつ目前にある目的のために蓄えようとするだろう。なぜなら，貯金が満額になるまで，目立った金の使い方ができなくなるためである。したがって，少額ずつ貯金することを，その気がない家族に教える場合には，目に見える形で明確な目的を掲げておくとよい」[門永・鵜浦・髙地 2017：91]。

このあたりは今の実際の家計相談支援でも述べられている「目にみえる，目の前の目的を具体的に立てていきましょう」ということがまさになされていると思います。友愛訪問員たちは，手を変え品を変え，貧しい人たちがどうすればお金を貯めることができるのかを考えていることがわかります。

ソーシャルワークの初期の頃の支援の中心は，貧困からどう脱却していくかということでした。生活を建て直して自立していく，そこではクライエントの衣食住の確保，家計管理，家庭の運営を支援していたといえます。ソーシャルワークの支援の始まりは，「食」「被服」「住まい」「児童」「家庭経営」「家庭教育」など，まさに生活全体にアプローチしていくものであったといえます。

日本における家政学と社会福祉学
　ここで，日本における家政学と社会福祉学との関係についてもみていきたいと思います。一番ケ瀬康子先生が『生活学の展開―家政から社会福祉へ』［一番ケ瀬 1984］で，この部分についてまとめておられます。一番ケ瀬先生は，生活福祉，生活学，生活に根ざした社会福祉をどうつくっていくか。そのひとつとして「家政学」に着目され，「家政学から社会福祉へ」ということで「生活学」「生活福祉」を提唱されました。
　一番ケ瀬先生は「社会福祉と家政学」の関係の3類型［一番ケ瀬 1984：40-43］を整理されています。ひとつめは，「家政の機能の拡大として，社会福祉とくにその施設管理をとらえていたもの」です。中原賢次先生の『家政学原論』がそれに該当するとされています。2つめは，「家庭生活機能を補完するものとして社会福祉を考えるもの」です。これは，岡村重夫先生の『大阪市大家政学　社会福祉学（総論）』のなかでいわれているとされています。3つめは，「家庭生活の社会化，家庭経済の社会的合理化として社会保障や社会福祉を位置づけるもの」です。稲葉襄・百合子先生の『家庭経済』，大河内一男先生らの『家庭経済学』がこのとらえ方であるとしました。
　ひとつめの「家政の機能の拡大として，社会福祉とくにその施設管理をとらえていたもの」は，中原先生の『家政学原論』では，家政は家庭のなかでの話であり，社会福祉に関しては「社会福祉施設でも生活がなされているが，それは家庭の中の営みではないので家政ではない」ととらえています。ただそこでの集団生活は家政学の応用の場でもあります。そこで，家政学は社会福祉事業，施設のなかの生活に貢献するものがあるだろうとしました。
　2つめの「家庭生活機能を補完するものとして社会福祉を考えるもの」に関しては，岡村先生の『大阪市大家政学　社会福祉学（総論）』において，近代

家族における家族の機能として，①夫婦間の性的満足とその制度的規制，②種の生殖と年少の子どもの保護，③家計の維持と消費の共同を示されました。そして，これらをうまく機能させていくためには，経済的安定，職業，医療，教育，文化，娯楽という人間の社会生活上の要求に関する制度からの影響を受けることも認識しなければならないとしました。そして，家政学の研究テーマは，家族生活の適応上の困難という側面だけでなく，家族成員の社会生活上の困難という二重の側面をもつものであるとしました。そして，「家政現象の能率を問題とする家政学は，家族的機能を担う個人の家庭外における社会生活上の適応状態を問題とする社会福祉学によって，少なくとも一つの説明原理をあたえられることになるのである。これが家政学と社会福祉の交流の仕方である」［岡村 1956：4］と述べました。

　現在では大阪市立大学「生活科学部人間福祉学科」となっていますが，その前身は家政学部でした。家政学部は1951年に文部科学省から認められることになるのですが，その審査のなかで，家政学部のなかに社会福祉を位置づける理由を示さなければなりませんでした。岡村先生にはこうした背景のなかで，家政学との接点のなかで「なぜ社会福祉を学ぶのか」について説明が求められたわけです。

　3つめの「家庭生活の社会化，家庭経済の社会的合理化として社会保障や社会福祉を位置づけるもの」に関して，稲葉先生は，家庭経済は家庭において達成できるもののみを扱い，扱えないものはそれを社会保障とか社会福祉がやっていくものだという形でとらえています。大河内先生は，家庭生活のなかでは，所得の有無にかかわりのない扶養が行われる。社会保障はこれと同じ仕組みを社会全体に押し広げたものであり，家庭生活のなかだけは困窮に対応できないので，社会全体の力で守っていくという関係で，家庭と福祉，家政と福祉をとらえています。

　家政学は社会福祉学に応用できるものとしてとらえられていたり，家政学と社会とをつなぐものが社会福祉としてとらえられたり，家政学では対応できないものが社会福祉であるととらえられていたことがわかります。

3　家計相談支援における課題——本人の意思・意向

　家計相談支援における課題として，本人の意思・意向の観点からも検討したいと思います。

日本弁護士連合会「成年後見業務における本人の意思の尊重に関する実態調査」
　まず日本弁護士連合会が実施した「成年後見業務における本人の意思の尊重に関する実態調査」からみていきたいと思います。成年後見制度では，本人の意思の尊重が求められていますが，日弁連の調査では，そうした本人の意思を尊重した成年後見業務における困りごとについて尋ねています（資料5）。
　その結果をみますと，「冠婚葬祭費，謝礼の支出や贈与」に悩むことが多いと回答した割合が最も多く約42.1％，次いで「日常的な金銭管理におけるお金の使い方」の約38.4％，「医療行為」の約38.3％，「必ずしも生活に必要ではない物品やサービスの購入」の約37.7％となっています。なお，「医療行為」に関しては，延命治療などの判断や手術の同意などの内容が中心であり，今回のテーマとは焦点が異なるため，ここでは「医療行為」を除いた上位3点を中心にみていきます。
　「冠婚葬祭費，謝礼の支出や贈与」では，親戚の結婚祝いに本人が多額の贈与を希望する場合や，香典，お布施や葬儀費用等の相場がわからないなどの回答が見られました。
　「日常的な金銭管理におけるお金の使い方」については，一般的に考えられる以上の支払いをすることや，障害または疾病による判断力不足のためにお金が足りなくなることへの実感がないこと，基準となる指標を探すのが難しい，収入が少ないにもかかわらず，お小遣いを多く要求されるなどの回答がありました。
　「必ずしも生活に必要ではない物品やサービスの購入」では，使うとは思われなかったものの，本人の希望があり契約を結んだが，使用していない状態が続いている，後見人としては必要ないと思われる高額な機器の購入を求められ，支出すべきか悩んだなどの回答がありました。

資料5　本人の意思を尊重した成年後見業務における困りごと

	回答数	割合（％）
1．日常的な金銭管理におけるお金の使い方	369	38.4
2．必ずしも生活に必要ではない物品やサービスの購入	362	37.7
3．冠婚葬祭費，謝礼の支出や贈与	404	42.1
4．借入（知人等からの借入も含む）	67	7.0
5．福祉サービスの選択と契約の締結	232	24.2
6．居所の決定	334	34.8
7．医療行為	368	38.3
8．その他	122	12.7
9．特に悩んだことはない	106	11.0

＊割合は，回答数960を母数とし，小数点第2位を四捨五入して示している。
出典：日本弁護士連合会第58回人権擁護大会シンポジウム第2分科会実行委員会（2015）「日本弁護士連合会第58回人権擁護大会シンポジウム第2分科会基調報告書『成年後見制度』から『意思決定支援制度』へ〜認知症や障害のある人の自己決定権の実現を目指して〜」(https://www.nichibenren.or.jp/library/ja/jfba_info/organization/data/58th_keynote_report2_1.pdf) 巻末資料「資料3-2　成年後見業務における本人の意思の尊重に関する実態調査アンケート集計表」273頁をもとに筆者作成。

　これら3点についての支出に関して悩む背景を考えると，ひとつは，「社会通念上の許される範囲」という基準が明確でないことがあげられます。2つめは，本人の要望であっても「本人以外のために本人の財産を使う」ことを成年後見制度は積極的には認めていないため，ためらいが生じるということです。3つめは，「後見人の考えと本人の要望に相違」があり，支出することにためらいが生じるということです。

　家庭裁判所は安全確実な財産管理を求めています。そのため，後見人としては，意味なく財産が目減りすることを避けたいという考えが生じる可能性があります。支払った分だけの効果を得られているのかが不明瞭なお金の使い方は避けたいということがその背景にはあるといえます。また，生活のどこにどのくらいの費用をかけるのかというのは，その人自身の生活に対する価値観が大きく影響します。当然のことながら，本人の価値観と後見人自身の価値観に相違がありますが，その際に，後見人自身の価値観から本人の要望の適切さをとらえていると，本人の意思の尊重との間で悩みを抱えることになります。

日常生活自立支援事業の専門員と後見活動に取り組む NPO 法人へのインタビュー

　2015年，日常生活自立支援事業の専門員と後見活動に取り組む NPO 法人の職員から，判断能力が不十分な人への家計管理支援において生じる問題についてのインタビューを行いました。そこでは，判断能力が不十分な人への家計管理支援において生じる問題としては，大別すると「臨時支出がたびたび増える」「支払わないといけないお金が払えなくなる」「リスク管理の傾向が強まってしまう」という3点がありました。

　こうした問題が生じる背景としては，本人が数字のもつ意味の理解ができない，将来を見通して今を考えることができないなどがあり，そのために「収入の範囲内でやりくりするという発想をもちにくい」「収支のバランスを自分で組み立てることが難しい」ということでした。また，できないことに目を向けることが難しかったり，目先の欲しいものへの欲求を抑えることができず，そのことが「他人に金銭管理されているという窮屈さ」を本人が感じてしまい，本人にとってはコントロールされたような生活を送っていることになってしまっているとのこともありました。

　こうした本人側の要因を受けて，支援者は，介入する必要があるかなどを検討する必要がありますが，その可否の判断や，どこまでお金を使っていいのかの判断が難しいとのことでした。そのため，「関わるべきタイミングを逸してしまう可能性がある」ということもわかりました。また，介入しすぎてしまうと「本人自身が管理する力を高める支援が不十分になる」ということもあるようです。

　そのほか，他者に金銭を管理してもらうきっかけが，本人ではなく，家族や支援者も含めて外部からの要求であることが多いことや，親族等が本人に経済的援助を期待しているということもありました。このために，「他人からコントロールされていることを感じる状況」が生まれたり，「本人以外のために支払うことが増えたりする」ことになるということでした。

　お金のやりくりは，どこに何を使うか，生活をどう組み立てていくかと直結することになるため，自立的である，自分で生活をコントロールする力が求められてきます。それができない人であっても，自分の生活をどう守っていく

か，その人たちの生活をサポートしていくにはかなり介入していかないといけないと思われます。しかし，介入しすぎるとコントロールする側面が出てくるため，そのあたりで悩んでしまう難しい問題があるという感じがします。

　また，収支のバランスがとれていればいいというわけではありません。必要なお金が払えるだけでいいわけではなく，生活の質，潤いにどう機能していくかを考えないといけません。判断能力が不十分な方を含めて，本人の意思と，生活そのものの基盤が崩れてしまうと意味がないので，そこのバランスをどう図っていくか。答えを求めるのが難しいですが，日々，ワーカーの方々は困りながら，悩みながら支援されていると思います。

4　ソーシャルワークにおける家計相談支援の位置づけと今後の課題

クライエントの生活運営そのものに関わるソーシャルワークを考える

　ソーシャルワークにおける家計相談支援の新たな展開ということですが，これは決して新しい問題ではないと考えています。リッチモンドのような取り組みや，慈善組織協会，セツルメントにおいては家計相談支援に取り組んでいたといえます。家計相談支援は，決して新しい問題ではないといえます。

　ソーシャルワークは，社会の影響を受けながら，実践を行います。そのため，ソーシャルワークに求められる役割にはその時々によって強弱があり，変化すると思われます。現在は経済的に苦しい人たちが増えてきて，家計をどうしていくかが注目されています。今後，認知症高齢者が増えてくることも予想されており，経済的な問題だけでなく，自身で生活を組み立てていくことが難しい，そこへの支援を求める人たちへのアプローチを考えていくことも大事だと思います。

　また，「地域包括ケアシステム」の推進や，障害のある人の地域移行等，できる限り住み慣れた地域で暮らし続けるための施策が進められています。施設での暮らしでは，大きな枠組みを施設が用意しています。私が関わっている被後見人の方は施設に入っておられ，その方の利用料に関する請求は光熱水費とか細かいものも含めたトータルの金額でやってきます。請求された金額は銀行から引き落とされるというシンプルな家計のやりくりになるわけですが，自宅

でサービスを使いながら生活していくとなると，どうお金を獲得し，使っていくかという点にも目を向けていくことが施設での生活よりも求められます。地域包括ケアシステム等の施策の実現には，こうした視点からのアプローチも不可欠です。

ソーシャルワークにおける家計相談支援の位置づけ

　家計相談支援とは，生活を成り立たせるための資源をどのように獲得するか，また得られたお金をどのように本人の生活の質を高めていくための資源と結び付けていくのか，そのプロセスを支援するものであるといえます。まさに家計相談支援とは本人の生活の運営そのものに関わるものではないかと考えます。そこでは，当然のことながら本人の意思や意向と向き合いながら支援していくことになるといえます。

　実践現場では，以前から家計を意識した生活支援を展開していると思われます。しかしながらそれに対応する研究や教育は十分ではなかったといえます。人と人，人と制度を結びつけるだけでなく，クライエントの生活そのものをどのように運営していくかへのソーシャルワーク研究および教育の展開も必要ではないかと思います。

　これは試論ではありますが，ソーシャルワークにおいて家計相談支援をどう位置づけていくかに関して，図に示しました。

　従来のソーシャルワークは，資料6に示したように，本人と生活資源とを結びつけることを中心に語られていたと思います。しかし，この結びつけるということに関しては，たとえば，介護保険制度につなげたいと考えても，介護保険料を滞納していたら制度と結びつかないという問題もあります。結びつくための前提部分でつまずくこともあるわけです。この前提部分が本人の生活を回していくための家計の部分であるといえます。

資料6　従来のソーシャルワーク

出典：筆者作成

資料7　ソーシャルワークにおける家計相談支援の位置づけ

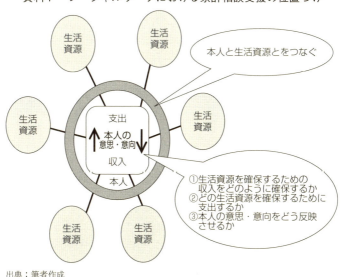

出典：筆者作成

家計相談支援は，生活資源と本人とを結びつける前提部分に深く関わる支援になるのだと思います。

　これを踏まえた上で，ソーシャルワークにおける家計相談支援の位置づけを考えると，資料7のようにあらわすことができるのではないかと考えます。生活資源を確保するための収入をどのように確保するのか，また収入をどの生活資源に還元していくのか，そしてそのやりくりのなかに，本人の意思や意向をどのように反映させていくのか。この部分にアプローチすることがソーシャルワークにおける家計相談支援になるのだと考えます。そして，このアプローチを果たしていくためには，生活の運営そのものに対する理解が求められるといえます。当然のことながら，すべてにおいて家計相談が必要というわけではなく，必要な時にこのことを意識しながら援助していくことが求められます。

今後の課題

　ソーシャルワークの研究・教育において，家計を含めた生活支援のあり方を再考することが求められているのではないでしょうか。実践現場では家計を意

識した生活支援を丁寧にされて，日々苦労されていると思います。生活困窮者自立支援法が始まる前から，お金のない方，高齢者の方でお金がないのに「これを買っちゃう」といって「明日からどうしよう」というようなことで，悩みながら実践に取り組まれていると思います。

　そこにどう対応できるか，少しでも貢献できる研究・教育が，今，できているかどうか考えていく必要があるかと思います。人と人，人と制度を結びつけていくところも大事です。それに加えてクライエントの生活そのものにも着目したソーシャルワークの研究・教育が必要になってくると考えています。以上でお話を終わらせていただきます。

　　Paul H. Stuart（2016）Financial Capability in Early Social Work Practice : Lesson for Today, *Social Work,* vol.61, No. 4 , pp.297-303.
　　「生活困窮者自立支援のあり方等に関する論点整理のための検討会（第 1 回）」（2016年10月 6 日）資料 3
　　国立社会保障・人口問題研究所『2012年社会保障・人口問題基本調査　生活と支え合いに関する調査』（2013年 7 月24日公表）
　　全国社会福祉協議会『平成27年度累計における日常生活自立支援事業の問い合わせ・相談件数，実利用者数の実施状況』
　　最高裁判所事務総局家庭局「成年後見関係事件の概況　平成28年 1 月～12月」
　　一番ケ瀬康子（1984）『生活学の展開―家政から社会福祉へ』
　　岡村重夫（1956）『大阪市大家政学 社会福祉学（総論）』柴田書店
　　日本弁護士連合会第58回 人権擁護大会シンポジウム第 2 分科会実行委員会（2015）「日本弁護士連合会第58回人権擁護大会シンポジウム第 2 分科会基調報告書　『成年後見制度』から『意思決定支援制度』へ～認知症や障害のある人の自己決定権の実現を目指して～」
　　メアリー・E・リッチモンド著/門永朋子・鵜浦直子・髙地優里訳（2017）『貧しい人々への友愛訪問―現代ソーシャルワークの原点』中央法規出版

■セミナー参加者との質疑応答

Q1 現在，家計相談支援を行うにあたってのマニュアルはあるのか。また，支援者を養成するための教育，研修はあるのか。

A ここはグリーンコープの行岡さんに回答をお願いしたい。

行岡さん：国の研修がある。年2回（1回：4日間）実施されており，年120名程度の支援員が養成されている。正式名は，家計相談支援従事者養成研修であり，生活困窮者自立支援制度人材養成研修のひとつとして位置づけられている。内容は，家計相談支援の基本的な考え方をはじめ，生活福祉資金制度の内容，事例を取り上げた家計相談支援へのアプローチや相談の流れ，失敗事例の検討などとなっている。しかし，まだ，体系的な教育にはなっていない。これから，多様な側面から研究が行われ，カリキュラムがつくられるのでは，と考えている。また，利用者の支出状況の把握ができる道具なども活用されている。

Q2 失業や低賃金，非正規雇用などの社会的リスクという構造的問題に対して，家計相談支援はどのような意味をもつのか。

A 重要な指摘だと考える。この事業は，少ないお金であってもそれをよく管理することが大切だと，個人の管理能力などに対する相談になりがちところがある。しかし，少ないお金しか稼げない社会の構造問題は，確かに存在しているため，構造的問題をどのように解決していくのかも重要だと考える。しかし，このような構造的問題があるから，利用者に，この不条理を受け止めて頑張るしかないですよ，というような相談事業にもなってはいけない。つまり，構造的問題と個人の問題のなかで，これから家計相談支援がどのようにアプローチしていくのかは今後の課題と考える。

Q3 家計相談支援の範疇，定義は，高齢者に対する就労支援と生活困窮者自立支援のように，対象者によって変わってくると思うが，どうなのか。

A この点についてはまだ整理していないが，実は，制度のなかから考えたくないところがある。誰であっても収支という共通問題をもっている。だから，共通問題のどこに力点をおくのかによって，アプローチが変わってくると思う。たとえば，高齢者の場合は，なかなか収入を増やすことが難しいから，金銭管理のような消極的になるところがあったりする。

Q4 前の質問と関係しているが，家計相談支援は，たとえば，支出管理だけなのか，収入を増やしたり，貯蓄を案内したりするというところに対応するのか。その範囲を教えてほしい。

A 今回の報告では家計相談支援の定義をしないまま進めていて，範疇や範囲などの質問が出ていると思う。最終的には，家計だけではなくて，生活全般に対する運営というところを絡めてソーシャルワークを語りたいと思っている。たとえば，目の前の状況，課題だけではなく，子どもの学費や亡くなる時の費用などの将来の課題を考慮した上で，目の前の課題を考えて，貯蓄などについて相談することも必要と考える。

Q5 家計を立てていく上で，定期的な収入は重要だと思うが，たとえば，児童扶養手当は，毎月に支給されておらず（年に4回，1回に3カ月分），生活保護を受けている人は，自治体によって30万円以上の貯金が禁じられていたりしているが，こういった問題に対してはどう思うのか。

A 貴重な意見，感謝する。家計相談支援を制度的な側面から改善することもできると思う。当然，個人レベルでどうやりくりするのかだけではなくて，社会全体として，一人ひとりのあり方をどうアプローチできるのかを，両面でとらえていくことがとても大事と考える。

Q6 社会福祉協議会の相談員として働いている者として，家計相談支援の重要性，必要性を感じている。しかし，生活困窮者支援などに比べてわかりにくいところがあって，この点については利用者も同じと思う。そのため，利用者が家計相談支援に至りにくい現状もあると思うが，利用者に家計相談支援について理解してもらう方法を教えてほしい。

A 家計相談支援を行う上で，本当に悩むところであり，難しいところだと考える。家計相談支援は，本人（利用者）に自分の家計を見直したいという気持ちがないと，なかなか受けてもらえない。しかし，人はなかなか自分の生活スタイルを変えたがっておらず，実際に家計破綻の状況になる前には，支援を受けようとしないケースが少なくない。これからの課題と考える。

Q7 家計相談支援の担い手について聞きたい。新しい担い手（資格）よりは，すでにある資源のなかで，活用できる担い手としては誰がいるのか聞きたい。

A 社会福祉士やケアマネジャーなどに，家計相談支援に関する意識をもってもらいたいと考える。社会福祉士やケアマネジャーなどに直接に家計相談支援をやっ

てもらうのではなく，多様な支援，サービスを提供する上で，目の前の利用者の家計状況がどうなっているのかについても気遣ってもらいたい。なぜなら，過去のインタビューを通して，支援者（たとえばケアマネジャー）が，担当の支援やサービスを巡る利用者の状況だけ把握していることがわかった。つまり，支援者は，利用者が経済的に苦しいと言わないと，担当支援やサービス以外のニーズ把握が遅れたり，できなかったりしていた。直接に家計相談支援を行わなくても，家計相談支援に関する意識はもってもらいたいと考える。

【論点と争点】
「個人」の家計から「社会」の課題を見通す
―― 家計相談支援に関する論点と課題

櫻井純理（立命館大学産業社会学部教授）

　ここでは，家計相談支援（事業）をテーマとした3人の報告（行岡報告，有田報告，鵜浦報告）に基づき，主要な論点を①相談者の特徴，②家計相談に関わるソーシャルワーカーの役割，③地方自治体その他の関係機関に求められること，という3つの角度から整理します。最後に今後の課題について若干の言及を加えます。

1　相談者の特徴

　はじめに，家計相談支援を受けた相談者の特徴という側面で，以下の3つの論点が指摘できると思います。まず何よりも重要なことは，家計に問題が生じることが一般化していて，これは決して「一部の特別な人」の話ではないということです。鵜浦報告が税金等の滞納や無貯蓄世帯についてのデータを示しているように，生活困窮の広がりが家計相談の必要性を高めていると考えられます。行岡報告の「ある程度の中間層も含めて相談の幅が広がっている」という指摘の通り，たとえば2013年度から開始された臨時福祉給付金の対象者は，人口の概ね5分の1から4分の1を占めています［西岡 2017：80］。こうした困窮の一般化という社会状況が家計相談の件数を押し上げていることがわかります。

　第2の論点は，そのような経済的困窮の一般化・普遍化の背景要因のひとつとして，日本社会における高齢化の進展が挙げられることです。65歳以上の高齢層において家計相談の比率が高いことの原因について，低年金・無年金に加え，高齢期に差し掛かる時期の生活の切り替えが難しいことや判断能力の低下が指摘されています（鵜浦報告・行岡報告）。1990年代以降は急速に雇用の非正規化が進みました。現役時代の労働条件や福利厚生制度が劣化することで，今後ますます高齢期の生活困窮が深刻化することも懸念されます。

第3の論点は,「障害」のいわゆるグレーゾーンも含めて,自分自身の判断で生活を組み立てていくことが難しい人の顕在化です。この点も3人の報告で言及されており,従来の福祉制度では支援の手が行き届かず,制度の狭間に置かれていた人の抱える深刻な状況が,生活困窮者自立支援制度のなかで浮き彫りになりつつあることがうかがわれます。

2　家計相談に関わるソーシャルワーカーの役割
　2つ目に,「家計相談支援に関わるソーシャルワーカーには何が求められているのか」という角度からみた論点を抽出していきます。
(1)　家計のプロフェッショナルとしてのスキル
　有田報告では,家計相談支援とは「家計のプロフェッショナルの視点を入れて,支援全体に関わる」ことであると述べられ,その「家計のプロ」に求められる知識や技術が多岐にわたることが示唆されています。ここで重要な論点は,いずれの報告でも強調されているように,家計相談支援とは単なる家計管理支援（→家計収支の改善）ではなく,家計の背後に存在する複雑な課題にアプローチし,解決するための支援だということです。したがって,支援者には公的な納付の減免制度,債務整理の手続き,貸付制度の利用,医療や障害に関する専門的支援へのつなぎ,就労支援へのつなぎ等,家計収支の両面に関わる多様な制度・機関についての知識と判断・行動力が必要とされます。
(2)　相談者の主体性と個人の尊厳の尊重
　2点目は,生活困窮者自立支援制度全体に共通する点ですが,相談者自身の「主体性」や「個人の尊厳」を尊重した支援であることの重要性です。家計相談支援にあたるワーカーには,何よりもその主旨に沿った支援が求められることが,3報告すべてにおいて強調されています。たとえば,鵜浦報告は,家計相談支援は「収支のバランスがとれていればいいというわけでは」なく,「生活の質,潤いにどう機能していくかを考え」る必要があると主張しています。相談者自身が望む人生を切り拓いていくために,何をゴールに設定し,どんな方法でサポートしていくか。相談者の言葉を傾聴し,気持ちを読み取り,その思いに寄り添いながらも,専門職としての客観的な判断が求められると思います。「100人いれば100通りを提案しないといけません」（行岡報告）という難し

い仕事であり，経験の積み重ねのなかで専門的なスキルや感受性・洞察力を高めていくことが必要と思われます。

(3) 個人の苦難から社会を見通す

3つめの論点は，家計相談支援員は，家計という「個人」（ないし世帯）の問題を社会（福祉）政策に結びつける役割を担っているということです。鵜浦報告では，家政学と社会福祉学の関係についての主要な先行研究がレビューされ，家政という個人領域と社会領域との接合がどのように議論されてきたかが明らかにされています。また，行岡報告と有田報告では，家計相談支援は家計の観点から「全体」がみえ，その全体に関わる支援であることが指摘されていました。ここでの「全体」とは，家計の問題で相談に訪れた当事者が抱えている多様で複合的な問題の全体という意味（ミクロの視点）に留まらず，個人の受難の背後にある社会の問題を広く見通すこと（メゾ，マクロの視点）だと理解しました。この点に関連し，自治体が提供する相談支援事業について，有田氏は論文のなかでこう記しています。

> 「個々の相談者の課題の解決に負けず劣らず，そこで得た地域の実情や課題，有益であった解決策や今後望まれる取組みを分析し，対応について事業スキームとして構築し，育てていくことが求められるのである」［有田2017：61］。

上述したように，家計相談支援を利用する相談者の苦難とは，経済的困窮をもたらしている多様な事柄に起因しています。相談員は個人の受難の背景にある社会の課題を鋭く指摘し，地域や社会のセーフティネット構築のために働きかける，個人と社会の架け橋のような存在であってほしいと考えます。

3 地方自治体その他の機関に求められること

最後に抽出する論点は，家計相談支援事業を提供する地方自治体等の制度構築に関わる事柄です。この面では，現行の事業体制に関するいくつかの課題点が指摘されています。まず，自治体（あるいは事業を受託している団体）ごとに，事業に対する理解や具体的な実施体制・内容に関する相違がかなりあるという点です。それぞれの地域の特徴を反映した違いであればよいのかもしれません

が，そうとはいえないと考えられます。たとえば，家計相談支援を単なる「家計管理」と理解していれば，「なぜ自治体がそこまでやらないといけないのか」という捉え方にもなりかねません（実際にそういう意見を聞いたことがあります）。

しかし，有田報告が主張するように，生活困窮者の自立相談支援において「家計の案件でないものはあまりない」なかで，家計相談支援員は相談の初期段階から支援プランの見立てに加わることが望ましいでしょう。行岡氏は「自立相談支援事業と就労準備支援事業，そして家計相談支援事業の三事業は，一体的に取り組まれなければ本来の成果は出て」こないと述べています［行岡2014・45］。相談者の抱える課題は経済的困窮から社会的孤立にまたがる多様な領域にわたり，家族も含めた複合的な問題である場合が多いのですから，多様な専門性を有した相談員が協力して支援できる体制がめざされるべきだと考えます。そのためにも，かねてから指摘されている課題点ですが，庁内外にわたる諸機関の横の連携を促進する具体的な取り組みの推進が求められています。

4　今後の課題

ここまでに述べた主要な論点以外で1点だけ，今後の課題を付け加えて締めくくりとしたいと思います。すでに記したように，生活困窮者自立支援制度では，当事者の主体性や個人の尊厳に配慮した支援が掲げられています。家計，わけても金銭の「支出」のありように関する自己決定は個人の人権に深く関わることであり，慎重な対応が求められます。専門的な知識や経験の積み重ねをバックグラウンドに，当事者の気づきや行動を促すというのは「言うは易し」で，繊細な心づかいを要する「しんどい仕事」です。こうした職務にあたる専門職の人材育成と処遇のあり方について，国や地方自治体が真剣に取り組むべき時期が来ていると考えます。この点は家計相談支援員のみならず，自立相談支援員や就労支援相談員，さらには福祉事務所のケースワーカーにも共通する論点として，この機会に指摘しておきたいと思います。

有田朗（2017）「相談支援事業はどのようにあるべきか？」五石敬路ほか編『生活困窮者支援で社会を変える』法律文化社，54-70頁

西岡正次（2017）「『働く』『働き続ける』を誰が支えるのか？」五石敬路ほか編『生活困

窮者支援で社会を変える』法律文化社，71-87頁

行岡みち子（2014）「グリーンコープの生活再生相談室から見える生活困窮者自立支援法」『月刊自治研』56巻654号，40-45頁

【論点と争点】
先駆的実践と歴史的研究が問う家計相談支援の視点と意味

垣田裕介（大阪市立大学大学院生活科学研究科准教授）

1　行岡報告の力強いメッセージ——相談者本人が考えて決める意味を説く

　行岡みち子氏は，グリーンコープが独自に行ってきた家計相談支援の取り組みを推進してこられた中心人物です。そして，このグリーンコープの取り組みは，今日の生活困窮者自立支援制度における家計相談支援事業を語る上で外すわけにはいきません。したがって，行岡報告へのコメントに入るまえおきとして，そのことから述べます。

　生活困窮者自立支援制度は2015年度にスタートしました。それに先駆けて2013～14年度に全国各地でモデル事業が実施されました。さらにそれに先駆けて，生活困窮者支援の制度・実践の枠組みを形づくる目的で，厚生労働省の社会福祉推進事業としてさまざまな調査研究事業が行われ，そのひとつとしてグリーンコープは2010～11年度に，独自の家計相談支援の取り組みを題材としてアンケートと聞き取りによる詳細な調査分析を行いました。この調査は，堤圭史郎氏（福岡県立大学）をヘッドとして鳥山まどか氏（北海道大学）と筆者が研究者として携わり，最終的に300頁超の報告書にまとめました［グリーンコープ生活協同組合ふくおか・グリーンコープ生活再生相談室 2012］。グリーンコープが行ってきた取り組みとこの調査分析は，現在の生活困窮者自立支援制度における家計相談支援事業が形成されるプロセスに位置づけられるといえます。

　さて，行岡報告では，グリーンコープが各地で実施している家計相談支援事業の実績データや支援事例を交えて，相談者の実態，支援の視点やプロセスが具体的に述べられています。順に辿ると，まず，相談の経路については自治体

ごとの自立相談支援事業と家計相談支援事業の窓口の設け方や人員の配置などによって，拾い上げられる相談件数に違いが出ているとされます。そして，相談者について低所得層だけでなく中所得層も含まれること，想定した以上に障害を抱えた相談者が多いことが紹介され，依存やこだわりが強い事例などでは医療機関との連携などを行って家計相談支援だけで抱え込まない見極めの重要性についても述べられています。

　実績データや事例を盛り込んで具体的に語られる行岡報告のなかで，最も圧巻なのは，後半部分において，家計相談支援の具体的な内容，手法に関する意味について説いている部分です。特に，「相談者主体の尊重」として，家計相談支援のプロセスを通じて相談者本人に考えてもらうことの意味が強調され，グリーンコープの家計相談支援の特色として知られる家計表とキャッシュフロー表をあくまで「道具」として用いて，相談者本人の状態を自分でわかってもらって自分で決めてもらうように重視していると述べられています。そして，いきなり「レシートを持ってきなさい」とは言わないなどのように，人から指図や注意や指導をされたくないという心情の理解が強調され，家計相談支援をめぐる誤解とそれに関する丁寧な言及がなされている箇所は特に説得的です。

　家計相談支援のあり方について，相談者本人が考えるということを重要視し，相談員とともに「編み上げる」と表現しており，しかしながら行岡報告によれば，この部分を全国の家計相談支援事業所が理解しておらず，そのため生活困窮者が相談に訪れないのだと指摘します。このように行岡報告では，家計相談支援の理念，内容，プロセスについて，重要なメッセージが力強く提示されています。

2　有田報告の根底的な問いかけ——家計相談支援ニーズを見逃さないために

　有田報告は，生活困窮者支援や家計相談支援をめぐる根底的な問いかけがいくつかなされていて，刺激的であるとともに，制度や支援実践について検討する際の視点や角度の面でたいへん参考になります。しかも，報告全体をとおして，統計データや支援事例を交えて具体的に語られているため，社会福祉分野にありがちな理念先行の抽象的な議論とは異なり，説得的でわかりやすい内容

です。さすが現場の第一線で活躍されている専門職と実感しました。

　家計相談支援事業は生活困窮者自立支援制度で任意事業とされており，実施していない自治体もあります。有田報告でなされている根底的な問いかけのひとつは，そもそも生活困窮者支援において家計相談支援の必要ない相談者は存在するのか，家計に関わらない相談はどのくらいあるのか，という点です。たとえば，統計上で相談者の抱える課題が「病気」と記されていたとしても，病気で働けなくて経済的に困窮する場合が想定されるように，有田報告では，ほとんどの相談者がなんらかのお金に関わった課題を抱えていることが強調されます。

　生活困窮者支援においては，これは他の領域のソーシャルワークもそうですが，ニーズのアセスメント（相談者が何に困っているかを見立てること）がとても重要です。制度上は，ニーズのアセスメントは自立相談支援事業において行われ，その結果として家計相談支援が必要とされた場合に，そこで家計相談支援事業の実施が支援計画に書き込まれて実施されることになります。有田報告の根底的な問いかけは，この支援プロセスにも向けられています。そもそも，相談者がお金に関わった課題を抱えているかどうかは，家計相談支援の専門的な目で見立てる必要があることから，初回相談から家計相談支援員が同席する必要性などが提起されています。ここでは，支援する側が，支援される側のニーズを場合によっては不当に切り取ってしまうおそれがあることを，あらためて考えさせられました。この論点は，政策論のレベルでは岩田正美氏による研究でふれることができますが［岩田 2016］，有田報告では支援実践のレベルで述べられており，より具体的な理解が得られます。

　さらに有田報告では，厚生労働省の説明資料や国レベルの人材養成研修資料に書かれている抽象的理念に対して，率直な批判や疑問が投げかけられています。たとえば家計の「主体的な管理」を理念に掲げたところで，有田報告ではその理念の否定はされないものの，そもそも「主体的な管理」をするお金を持っていなかったり多重債務を抱えている事例が多いとして，「家計管理はるか以前の状態（貸付も困難）」と述べられています。ここでも有田報告が重要視しているのが，相談員による見立てです。生活が苦しいという主訴に対して，収入の確保・増加，支出の削減，家計の管理・運用という家計相談支援の技術をもっ

た相談員が適切に見立てる必要があるとされます。相談者の主訴をどう見立てるかについて，有田報告では複数事例の検討も行われ，得た情報の処理や相談支援に向けた判断などが具体的に示され，これもたいへん勉強になりました。そして，たとえばキャッシュフロー表を用いた家計管理支援は家計相談支援全体の一部として位置づけられている点が明快でインパクトがあり，家計相談支援とは何をすることなのかについての理解が進みました。

3 鵜浦報告が突き付ける課題――ソーシャルワークにおける家計相談支援

　鵜浦報告では，ソーシャルワークにおける家計相談支援の位置づけについて，ソーシャルワークの研究や歴史を交えた検討が行われています。私は，生活困窮者支援の政策や支援実践について研究を進めるなかで，ソーシャルワークの理解や検討が重要と考えるようになりました。鵜浦報告は，そのことを再確認させてくれる内容が盛り込まれていますし，他方でソーシャルワークの研究・教育に対しても課題を突き付けています。

　鵜浦報告の具体的な内容について，第1に，報告全体をとおして，お金の獲得のみでなく，どのようにお金を使うかが重視されており，さらに収支のバランスに留まらず生活の質に着目している点が参考になります。私もこれまで生活困窮者支援に関する研究において［垣田 2016］，就労やそれによる収入の確保だけでなく，得た収入をいかに健康で安定的な生活に結び付けるかという日常生活支援の重要性を提起してきたので，大いに共感しました。

　第2に，家計相談支援をめぐるソーシャルワークの歴史的潮流が，アメリカの最新論文に基づいて整理されており，ソーシャルワークにおける家計相談支援の位置づけを理解する上で参考になります。特に注目させられたのは，1890年代以降の初期段階のソーシャルワークにおいて家計相談の枠組みが設けられていたことです。そして，家計相談支援のニーズを抱えていたのは低所得者のみでなく中所得者も含まれていたこと，家計相談支援の手法として訪問家事援助員の派遣や家計簿の利用が行われていたことは，今日の家計相談支援と重なり合います。

　第3に，鵜浦報告で紹介されているリッチモンド『貧しい人々への友愛訪問』（原著1899年）もまた，今日の家計相談支援のあり方について考えるうえで，と

ても示唆に富んでいます。本書は，慈善組織協会で貧困家庭に出向く友愛訪問員のためにリッチモンドが作成したハンドブックで，2017年に刊行された日本語訳では鵜浦氏も訳者を務めています。

ちなみに，このハンドブックの第9章「救済」では，友愛訪問員が訪問先家庭に自ら金銭や必需品を与えることで生じる問題が記されていて，今日的な課題とも大いに関わっているように読めて興味深いです。金銭や必需品のやり取りが支援する側とされる側との関係にどのような影響を及ぼすかについては，ソーシャルワークの原理的な課題と思いますし，その点について後藤広史［2017］もホームレスの支援事例を題材として議論を提起しています。さらに，生活困窮者自立支援制度においては，金銭や物品の個別給付が基本的には行われないことになっており，だからこそ支援現場ではさまざまな困難が生じているとともに，制度的な課題として論点にもなっているのですが，しかし他方で原理的な観点では，金銭や物品の個別給付を介在させないことの意味について考えさせられる契機となるように思います。

以上の3報告から，生活困窮者支援における家計相談支援とソーシャルワークについて，あらためて考える貴重な機会を得ることができました。それぞれの報告が異なった角度でアプローチしており，それによって生活困窮者支援や家計相談支援について立体的にとらえることができるとともに，その反面，それぞれの報告が他の報告と食い違うようにみえる箇所もあります。実は私は，そういった箇所こそが重要と思っています。単一の説や類似の諸説に対して矛盾や疑問がないかのように信奉したりすがったりするのではなく，食い違って割り切れないような箇所を契機としつつ，現場と研究を往復しながら自分の頭で考える作業を踏まえた，今日的課題の認識と今後の展望が必要と思っています。

岩田正美（2016）『社会福祉のトポス―社会福祉の新たな解釈を求めて』有斐閣
垣田裕介（2016）「社会政策における生活困窮者支援と地方自治体」『社会政策』7巻3号，41-55頁
グリーンコープ生活協同組合ふくおか・グリーンコープ生活再生相談室（2012）『生活再生貸付利用者の生活再生支援（家計管理指導等）に関する第2次調査事業報告書』（厚生労働省平成23年度社会福祉推進事業）

後藤広史（2017）「ソーシャルワーカーは専門家であるべきか―ソーシャルワーク教育で失われるもの」後藤広史ほか『ソーシャルワーカーのソダチ―ソーシャルワーク教育・実践の未来のために』生活書院
メアリー・E・リッチモンド著／門永朋子・鵜浦直子・髙地優里訳（2017）『貧しい人々への友愛訪問―現代ソーシャルワークの原点』中央法規出版（原著1899年）

第Ⅲ部

子どもの貧困と
学校／保育ソーシャルワーク

第Ⅲ部　子どもの貧困と学校／保育ソーシャルワーク

学校ソーシャルワークの誕生と取り組み

門田光司（久留米大学文学部教授）

　アメリカにおいて学校ソーシャルワークがどのように誕生したのかを述べた後に，福岡県における子どもの貧困問題と，学校ソーシャルワーク実践の取り組みについて述べていきます。

1　アメリカにおけるスクールソーシャルワーカーの起源

訪問教師（visiting teacher）活動の始まり
　アメリカでの学校ソーシャルワーク実践は訪問教師（visiting teacher）活動から始まりました。19世紀後半から20世紀初頭のアメリカには，他国から多くの人たちが移住してきました。しかし，移民の多くは都市部に定住し，不熟練労働者となっていきます。特に，ニューヨークやシカゴ，ボストンなどの大都市の人口密度は著しく高く，貧困地域で6人のうち5人が窮屈な貧民アパート「テネメント」（tenements）に押し込められて，住環境も最悪で不潔でした。そして，貧しい家庭の子どもたちのなかには家庭を支えていくために，学校に行く代わりに工場や鉱山，農場等で働くことが期待される子どももいました。
　このような児童労働問題に多大な関心をもったのがセツルメントハウスのワーカーたちです。セツルメントハウスでは，貧困地区の生活状況を改善するために，社会改良運動を進めていました。子どもは将来の社会を担う大切な存在です。その子どもたちにとって教育は欠かせないものです。しかし，貧困地域の親たちの大部分は教育を受けていないため，子どもに教育を受けさせる価値意識は高くありませんでした。子どもに教育を受けさせても家庭の生活の足しにはならないために，働かせることの方が重要だったのです。
　そこで，セツルメントハウスでは，子どもたちにグループで勉強を教えた

り，勉強部屋や図書室，ジム，クラブルームなどを設置したりしました。他方では親たちの自立支援として，託児所，幼稚園を作ったり，裁縫等の職業訓練や教育機会を提供していきました。このように，セツルメントハウスのワーカーたちは，児童労働問題を改善し，教育機会を保障していくための取り組みを始めたのです。その取り組みの基盤にあった実践は，子どもたちへのアドボカシーでした。

　ソーシャルワークのアドボカシーの起源は，ジェーン・アダムス（Jane Addams）のセツルメントハウス「ハルハウス」ではないかといわれています。また，児童労働問題を改善するために，ハルハウスのフローレンス・ケリー（Florence Kelly）はイリノイ州政府に働きかけていくソーシャルアクションを展開していきます。さらに，セツルメントハウスのワーカーたちのなかには，貧しい家庭環境の子どもたちの教育を保障していくために，家庭と学校の橋渡し役をしていく取り組みを始めた人々もいました。この活動を行っていったのが訪問教師（visiting teacher）で，1906～07年にニューヨーク，ハートフォード，ボストンで始まりました。教師ではなくソーシャルワーカーですが，学校や家庭を訪問しながら，子どもたちの教育の必要性と機会を保障するために，両者のつなぎ役を果たしていきます。

　当時の子どもたちの状況についていえば，怠学や退学の要因は家庭の貧困，保護者の疾病，崩壊家庭という社会病が挙げられます。そこで訪問教師が行ったアドボカシーは，子どもの家庭状況を学校に理解してもらうこと，親にも学校への要望，ニーズを理解してもらうことでした。この取り組みは家庭訪問，学校訪問であり，「アウトリーチ」による実践といえます。

訪問教師の活動内容

　訪問教師活動が始まった7年後に，ニューヨーク市が正式に訪問教師を雇用し始めます。そして，1913～14年にニューヨーク市での訪問教師の調査研究が行われています。当時の訪問教師はどのような子どもたちに取り組んでいたのでしょうか。この期間，訪問教師は926件のケースに対応していますが，対応した子どもたちは低学力（29.3％），逸脱的な行動（25.6％），不規則な登校（18.6％），身体的精神的健康面の問題（13.0％），悪化した家庭事情（9.6％），遅

刻（3.9％）などの問題を抱えていました。

このニューヨーク市の訪問教師の調査活動からさらに7年後の1921年に，全米の訪問教師の調査研究をまとめた報告書が出されています。資料1にみるように，教師が訪問教師に依頼する子どもの問題要因は，学業の不適応，悪化した家庭事情，非行，不規則な出席です。また，訪問教師の訪問先は家庭が全体の半数以上を占め，その目的は子どもがおかれている生活状況の確認，子どもの教育や福祉を疎外する諸影響を除外したりすることでした。家庭訪問に加え，学校訪問では校長や教師と子どもの問題について協議し，他の訪問では病院，少年裁判所，救済機関など，さまざまな機関と連絡をとっています。当時の訪問教師は，まさに学校・家庭・関係機関の「つなぎ」役をしていました。

このように学校ソーシャルワーク実践の起源には，家庭訪問，アウトリーチがありました。「アウトリーチ」(outreach)の定義を『The Social Work Dictionary（第5版）』[Baker 2003：309]からみますと，その目的は家庭に出向いて当事者に福祉サービスや情報提供をするための諸活動とあります。今日，支援を要する方の地域生活支援として，アウトリーチは欠かせないアプローチになっています。そして，アウトリーチでは，家庭訪問によってどのような生活環境で子どもたちが生活しているのかを知ることで，より効果的な支援を組み立てていくことができると思います。

そして，1918年までにアメリカでは，全州で義務教育法が制定されました。

資料1　訪問教師に依頼された子どもたちの支援理由

（1921年，ニューヨーク）

依頼される 支援理由	回答した 訪問教師数
1．学業の不適応	
（a）学力低下	50
（b）知的な遅れ	49
（c）授業の理解困難	48
（d）早　熟	34
2．悪化した家庭事情	
（a）貧　困	48
（b）ネグレクト	47
（c）不適切な養育	39
（d）不道徳	32
（e）残忍な行為	31
3．非　行	
（a）学　内	45
（b）学　外	41
4．不規則な出席	
（a）疑わしい欠席	42
（b）家庭事情のため	38
（c）半日欠席	37

出典：National Association of Visiting Teachers and Home and School visitors (1921) *The Visiting Teacher in The United States.* Public Education Association of The City of New York, p.25.

訪問教師からスクールソーシャルワーカーへ

　日本の場合，教育は学校という建物の中で保障されており，子どもが学校に年間30日以上登校しない場合は「不登校」となります。アメリカは州によって違いますが，子ども個人に教育が保障されているので，学校という建物での教育保障に限定されていません。それゆえ，スクールソーシャルワーカーの視察調査でアメリカの教育委員会に訪問し学校問題について話を伺いますと，日本のような不登校はいないと言われます。日本の不登校の問題は，スクールソーシャルワーカーたちが取り組んでいかないといけない日本独自の課題であるといえます。

　日本の不登校問題で学校が苦労されるのが，学校と保護者の関係性が希薄な場合です。たとえば，子どもが登校しないので担任教師は家庭訪問をします。担任教師の訪問時にたまたま保護者が家庭におられ，子どもの登校協力を保護者に求めた際，保護者は担任教師に「もう来るな。本人が行きたくないというからいいじゃないか」と言い切られた場合，学校は次のアプローチを見出しにくくなります。

　アメリカやカナダには「attendance officer」（登校対応職員）という公的職員がいます。アメリカやカナダでは，子どもに対して親が学校に行かせることを怠った場合，この attendance officer が対応します。もし保護者が子どもの登校協力をしない場合，子どもの義務教育保障を侵害しているとして罰金や逮捕もあります。このように，国によって学校教育制度は違いがあります。

　訪問教師の活動に話を戻せば，訪問教師はその後ソーシャルワーク教育課程で養成されていくことになります。これに合わせ，1943年に「訪問教師」（visiting teacher）の名称は「スクールソーシャルワーカー」（school social worker）へと変わっていきます。しかし，当時のソーシャルワークは精神分析学の影響を受けていきます。したがって，訪問教師もスクールソーシャルワーカーと名称を変えていきましたが，精神分析学の影響を受けて，その実践も家庭訪問によるアウトリーチからケースワークによるカウンセリングへと変容していきます。

　2008年にアメリカ・シカゴに視察調査に出向いた際，案内をしていただいたアメリカ学校ソーシャルワーク協会の会長より，スクールソーシャルワーカー

の全米調査が実施されていると聞きました。日本に帰国後，その調査結果をメールでいただきました。その調査結果では，ソーシャルワーク修士号をもっている人が87％いて，日本のスクールソーシャルワーカーとの専門性の違いがみられます。日本では，スクールソーシャルワーカーになりたいという学部の学生がいますが，大学を卒業してすぐに不登校やいじめ，非行，発達障害等の学校が抱える児童生徒問題に即実践力として対応していくことは難しいといえます。

　アメリカの調査に戻りますと，スクールソーシャルワーカーの主な支援は個別カウンセリングが60％です。この点からアメリカのスクールソーシャルワーカーの役割を日本に導入すると，スクールカウンセラーと類似した業務になるでしょう。訪問したアメリカの学校内にはスクールソーシャルワーカーの部屋がありますが，担任教師が気になる子どもがいた場合にはスクールソーシャルワーカーにつなぎます。そして，スクールソーシャルワーカーは，個別カウンセリングやグループ・カウンセリングをすることになります。

　外部の相談機関についてですが，アメリカやカナダにはNPO等のたくさんの専門機関があります。また専門職大学院で高度な教育を受けたソーシャルワーカーたちが，このNPO等の相談機関に勤めていきます。そのため，スクールソーシャルワーカーは，外部の相談機関へ紹介するという役割が主です。2015年にカナダのトロント市で長年スクールソーシャルワーカーをされた方に話を聞きますと，「日本のような関係機関とネットワークを築いていくような業務はほとんどない」ということでした。アメリカやカナダでは，スクールソーシャルワーカーが外部の相談機関，たとえば，児童虐待の専門機関とか，ファミリー・ソーシャルワークの専門機関，非行問題の専門機関に紹介していけば，それぞれの相談機関が専門的アプローチを実施していくのです。ここに，アメリカやカナダのスクールソーシャルワーカーの役割業務と日本のスクールソーシャルワーカーに求められる役割業務の違いがあるのです。

2　福岡県の子どもの貧困

筑豊の子どもたち

　「子どもの貧困」について福岡県の実情を中心にお話ししていきます。

　福岡県において貧困問題は大きな課題です。福岡県には産炭地，石炭産業の歴史があります。1978（昭和53）年，石炭産業が衰退した後，福岡県の生活保護率は63.3‰でした。以後，リーマンショック以降の経済成長のなかでも44.2‰から1998年で16.5‰，近年では2015年度が25.7‰と推移しています。全国平均17.0‰（2015年度）からすると高い比率になります。福岡県内には60市町村がありますが，いくつかの圏域に分かれておりそれぞれ方言もあります。福岡県全体の生活保護率（2015年度）は資料2にみるように，筑豊地区が一貫して生活保護率が高いままです。

　筑豊地区は，地理的には福岡県内の真ん中に位置し，田川市を含めた周辺の市町村です。この地域には三池炭鉱の産炭地がありました。石炭を掘り出すときに出た土は高く積み上げられ，「ボタ山」となります。このボタ山に草木が生え，今は山のように見えます。当時，炭鉱夫世帯が住まれた住宅地を「炭住住宅」と言いました。私が20年前，福岡県立大学に着任したときには，大学のそばにも炭住住宅がありました。福岡県立大学がある田川市は，「月が出た，出た，月が出た。三池炭鉱の上に月が出た。あまり煙突が高いので，さぞやお月さんけむたかろ」の炭坑節が有名です。また，田川市の隣の香春町には香春岳があり，五木寛之の『青春の門　筑豊編』の舞台になったところです。福岡県立大学着任時は，筑豊地区の子どもたちへの福祉的支援等，多くのことを学ばせていただきました。その学びは，私のスクールソーシャルワーカー研究を進めていきました。

　土門拳の1960年に発刊された写真集『筑豊の子どもたち』があります。厳しい家庭状況の子どもたちを写した写真集です。昼食時間の1枚の写真の解説には，「給食の必要が感じれる栄養失調気味の子どもが弁当を持ってこないのだ。弁当を持ってこない子どもは絵本を見ている。弁当を持っている子どもたちが何かのひょうしでどっと笑っても，弁当を持ってこない子どもは絶対にそ

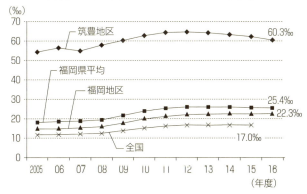

資料2　福岡県の地区別の生活保護率推移

出典：福岡県福祉労働部保護・援護課「平成29年度版　福岡の生活保護概要版」

ちらを振りむかない」。弁当を食べている子どもたちに目線を向けず，絵本に顔を埋めている子どもたちの姿が写し出されています。

　また，林正登著『炭鉱の子ども・学校史』（葦書房，1983年）には，1959年の教職員組合調査による炭鉱子弟と一般子弟の比較が示されています（資料3参照）。20日〜50日，50日以上という長期欠席の子どもたちが，炭鉱子弟で多く見てとれます。欠席の原因は「家事手伝いをさせられる」「学校にいっても鉛筆・ノートが揃わない」「給食代を払えない」「学校が嫌い」というデータがあります。炭鉱子弟では，筆箱，ノート，雨具，学校での着替えの下着がない状態で，家にも机がない。修学旅行の不参加，遠足の不参加，弁当をもってこない，食事を満足にとっていない状況も炭鉱子弟では高い率になっています。

　この林正登著『炭鉱の子ども・学校史』のなかで1人の先生のコメントがあります。「ほんとに4月はただ呆然として過ごしてしまった。顔を洗ってこない子，入浴しない子，一カ月あまり着替えもせず，真っ黒になったまま，いやな体臭をふりまく子，5分と注目することのできない学級の状況。5月に入り，家庭訪問して生活態度を見聞きするに至っては，やり場のない感じとともに子どもを取り巻く生活の暗さに唖然としてしまう」。

　また，福岡県教職員組合編『産炭地の教師は訴える』（日本教職員組合，1967年）では，「炭住の空き家で遊ぶもの，山で穴を掘り小屋を建て隠れ家として下級

資料3　炭鉱子弟の長期欠席状況と欠席理由（福岡県教職員組合1959年調査）

①長期欠席状況 （　）は比率：%		20〜50日	50日以上	不就学
	炭鉱子弟	227名（5.3）	101名（2.4）	43名（1.0）
	一般子弟	95名（1.5）	35名（0.5）	15名（0.2）
②欠席の原因		家事手伝い	学用品の不足	諸費納入の困難	学校嫌い
	炭鉱子弟	194名	106名	75名	120名
③学用品・通学用品の所持状況（もたない子どもの比率）		筆入れ	ノート	雨具	きがえ下着	机
	炭鉱子弟	9.8%	5.8%	18.4%	5.4%	28.1%
	一般子弟	2.4%	1.4%	4.2%	0.6%	10.2%
④学校行事・欠食状況		修学旅行不参加	遠足不参加	弁当持参なし	食事を満足にしていない
	炭鉱子弟	10.9%	6.3%	6.8%	5.4%
	一般子弟	3.0%	1.6%	0.8%	0.6%

生に金や食べ物を持ってこさせてパーティを開くもの，賭けごと，トランプや花札をやるもの，そしてこれらの遊びと困窮した生活と家庭崩壊とが結びついて，子どもの怠学や非行を多発させた。1950年代後半，小・中学生の『不良行為』は非産炭地域と比べ三倍から七倍，『触法行為』は約三倍という産炭地域の非行件数の激増ぶりであった」（43頁）と記しています。

補導教諭の誕生

　1950年代後半以降の福岡県における生活困窮と子どもたちの非行の状況は，「補導教諭」を生み出すことになります。非行事件が発生し，警察に補導された子どもを親は引き取りにこないため，警察は学校に呼び出しをかけます。そのたびに，担任教師は警察に出かけます。生徒の外泊，家出，集団窃盗，夜遅くまで教師は飛び回らなければならない。担任教師が警察から呼び出されるたびに『自習しておきなさい』といって飛び出していかないといけない。授業が成り立たない。このような状況で当時の文部省の法令上の規程のない福岡県独自の「補導教諭」が生まれました。

　補導教諭は，今でも非行の子どもの対応をします。補導教諭の活動は，家庭

訪問や子どものたまり場への訪問，生活保護の事務支援，就学援助の教育委員会との交渉，家庭訪問で親が不在の場合は親の居場所に訪問，非行防止会議や裁判所，児童相談所，保護司との協議などの取り組みをしてきました。

　補導教諭のこの活動をみると，今のスクールソーシャルワーカーの役割業務と類似していると思うでしょう。福岡県の「補導教諭」はこのような活動をしてきた歴史がありますので，スクールソーシャルワーカーが学校で専門職としての認知を得るためには，スクールソーシャルワーカーが必要だと思われるくらいの実践をしていかないといけない状況にあります。スクールソーシャルワーカーが学校に派遣されて，ケース会議でコンサルテーションだけの役割業務をした事案では，生徒指導や補導教諭から「口ばっかりで，動かないスクールソーシャルワーカーはいらない」「役に立たない」という声が上がりました。今でもスクールソーシャルワーカーが配置されていない学校もありますが，補導教諭歴のある退職教員の方からは「補導教諭がスクールソーシャルワーカーのアプローチをしたら，スクールソーシャルワーカーはいらないではないか」と言われます。

福岡県における子どもの貧困の現状

　資料4は，平成28年度の福岡県筑豊地区の生活保護率です。一番生活保護率が高いのは川崎町の171.9‰です。筑豊地区の平均が62.4‰ですが，福智町，川崎町，大任町，糸田町の生活保護率は100‰を超しています。他方，2016年度の国語・算数の「全国学力試験」結果を全国平均と比べると，筑豊地区の市町のなかには，小・中学校ともに全国学力試験結果が全国平均より15点近く下回っている市町もあります。中学校時代の学力の落ち込みは高校進学に影響していきます。そのため，学校とスクールソーシャルワーカーが協働して，子ども

資料4　福岡県筑豊地区生活保護率（平成28年度）

地域別		被保護世帯	保護率(‰)
福岡県		96,225	25.4
福岡市		33,380	28.6
北九州市		18,586	24.7
一部筑豊地区	田川市	2,181	61.1
	福智町	1,582	102.5
	川崎町	1,889	171.9
	大任町	407	112.0
	糸田町	713	115.5

出典：福岡県福祉労働部保護・援護課「平成29年度版　福岡の生活保護概要版」

たちへの学力支援と生活支援に取り組んでいくことが求められています。

　福岡県福祉労働部は2016年度に，「ひとり親世帯等実態調査」を行っています。この調査結果では，単身世帯になる理由として「離婚」が母子世帯86.2％，父子世帯77.20％となっています。離婚の後の課題は，母子世帯では多くが実夫から養育費をもらっていないことです。実夫からの養育費がないと母親が働かざるをえないか，生活保護を受けるかとなります。実夫から養育費をもらっていない理由としては，「相手に支払う意思や能力がないから」が母子世帯において56.4％となっています。そして，母子家庭で年収300万円以下が71.4％，年収200万円以下が42.6％という生活状況です。

　子どもたちが朝食を食べられずに学校に登校しますと，昼の給食までお腹がすきます。勉強に集中できずにイライラします。そのために午前中，どこかの教室では子ども同士の小競り合いが起きます。ある低経済層地域にある小学校の校長先生は，それを解決するためにご自身で朝おにぎりを作って持ってこられていました。毎朝，校長先生は5時半に起きて，1限目が始まる前に子どもたちにおにぎりを食べさせます。お腹がみたされると子どもたちは落ち着いて勉強に集中します。校長先生は，「なんで学校がこんなことまでしないといけないのか，もしかしたらうちの学校は教育機関ではなく福祉機関かもしれんね」とおっしゃっていました。

　福岡県では，「子どもの貧困対策推進計画」（2016〜2020年度）が作成されました。その理念は，「すべての子どもたちが夢と希望をもって成長していける社会の実現を目指す」ものです。この計画では，子どもの貧困の現状を以下のように記しています。

① 　子どもの貧困率の状況。日本の子どもの相対貧困率は，2012年度時点で16.3％となっています。
② 　生活保護世帯の状況。福岡県における生活保護を受給する17歳以下の子ども数は1万7893人（2014年度）となっています。
③ 　社会的養護を必要とする児童の状況。福岡県における児童養護施設や里親などの社会的養護を必要とする児童数は，毎年およそ1800人前後となっています。

④　ひとり親家庭の状況。福岡県における母子世帯数は7万4728世帯，父子世帯数は9975世帯となっています（2011年度）。
⑤　要保護及び準要保護児童生徒の状況。市町村が実施する就学援助の対象となる要保護及び準要保護世帯数は，9万1521人であり，公立小・中学校の全児童生徒数に占める割合は，22.6％となっています（2013年度）。
＊福岡県の場合，生活保護や就学援助の状況を勘案すると，子どもの貧困率は全国平均数値を上回っているのではないかと考えられます。

子どもの貧困対策

　子どもの貧困問題は，ひとつは現在の貧困の根底として家庭の収入が少ないこと，2つめには将来の貧困に対し，子どもの成長過程において，子どもが親になったときに，その子どもが貧困状態に陥る貧困の世代間連鎖の可能性があることです。内閣府は子どもの貧困対策として，教育支援，生活支援，保護者の就労支援，経済的支援の4つの取り組みをあげています。福岡県での子どもの貧困対策もこの4つの取り組みを基盤としています。

　そこで，本日はスクールソーシャルワーカーのお話なので「教育支援」について話していきます。福岡県の子どもの貧困対策として，教育支援では「学校教育における学力保障」が挙げられます。少人数による習熟度別指導や補充学習など，児童生徒に応じたきめ細かな指導を推進していこうということです。実際には，学力に課題のある小・中学校では，教師たちが補充学習に取り組んでいる学校もいくつかあります。

　ある小学校では，国語・算数の全国学力試験結果で全国平均より16〜18点の落ち込みがあります。この小学校は低経済層地域を抱えており，就学援助率が約5割です。4月当初，午前10時の時点で教室に3分の1の子どもが遅刻をしてきます。小学校は朝10時を過ぎると校門を閉めますので，遅刻してくる子どものなかには校門が閉まっているためUターンして帰宅する子もいました。ある事例ですが，母子家庭でお母さんが夜勤勤務のため，翌日は昼間近くまで寝ておられます。そして，子どもも起きてきません。そのため，児童支援加配の教師が朝9時頃自宅に電話をすると，母親は「今何時やと思っているねん」と激怒します。教師が「すみません」と言い，「何時に電話したらいいですか？」

と聞くと，母親から「10時」と返事があり，一方的に電話が切れます。そして，教師が10時に電話すると「今から連れて行く」と言われました。教師が校門で待っていると車が来て，子どもを降ろしていきます。しかし，その子どもはパジャマと裸足で，母親は子どもをそのまま置いて行かれました。

　また，小学6年生になっても九九がわからず，言えない子もいます。全員掛け算の九九が言えるように補充学習に加え，学校内には壁や階段の上りに掛け算が貼ってあります。ある時，階段から下まで飛び降りて転び，「痛い」と泣いてくる子どもが校長室に来ました。校長先生が「どこからこけたんや」と聞くと，子どもは「2×6＝12からこけた」（階段6段目）と言いました。校長先生は「そうか，そこから落ちたら痛いやろ」というエピソードも聞かせてもらいました。小学校に訪問に行くと，廊下などに九九の表が貼ってあるところは，子どもたちの学習課題に加え，家庭が経済的に苦しい地域を抱えている小学校なんだなと思ったりもします。

地域における子ども支援

　低経済層の家庭では，中学3年生のわが子を塾に通わせる経済的余裕がありません。しかし，高校進学に向けて学習支援の必要性が大きいのです。そこで，市町村教育委員会や市町村の社会福祉協議会のなかには，生活困窮世帯の子どもへの学習支援事業を実施しているところもあります。大学生や教員OBが中学生に学習支援を行っています。しかし，学習支援のボランティアを集めるのが難しいため，2017年6月に福岡県では「福岡県学習支援ボランティア人材バンク【エール】」を立ち上げ，学習支援ボランティアを県が一括して募集していくことになりました。この取り組みも子どもの貧困対策における教育支援の一環です。

　さらには食料支援も必要です。民間企業やNPOの協力を得て，食事に困っている子どもたちへ無償で食品を提供できる仕組みづくり，いわゆる「子ども食堂」です。しかし，今の子どもたちには地域内に居場所があまりないため，食事の提供だけではなく，子どもたちの集いがあり，学習の支援もあるという地域の「居場所づくり」が重視されてきています。西日本新聞が調べた2016年11月の記事では，子ども食堂の数として，大分県13カ所，宮崎県5カ所，熊本

県16カ所，鹿児島県5カ所，長崎県5カ所，佐賀県4カ所，福岡県は64カ所あります。福岡市内でも子どもたちの居場所ができてきて，スクールソーシャルワーカーたちが地域の「子ども食堂」と学校のつなぎ役をしています。スクールソーシャルワーカーは学校でのソーシャルワーク実践だけではなく，地域内の子どもたちの居場所づくりも開発していくことが必要になってきていると思います。

　また，福岡市のある校区では，食事をしてこない子どもが多い実態がありました。そこで，スクールソーシャルワーカーが外部団体の協力を得て，中学校で週2回，バナナやパンを調理室で朝8時～8時28分の間に配ってもらうようにしました。貧困の子どもに限定すると食べづらくなるので，生徒全員に声をかけました。生徒や保護者には，『食品ロス』を前面に打ち出し，「もったいないから，みんなで食べましょう！」と言っていました。はじめは来られなかった気になる子どもたちもやっと来られるようになってきました。小学校では，朝食べていないという子が登校した時，校内の相談室や特別支援学級，職員室などで食べさせているそうです。

　なお，台湾の学校社会工作師（スクールソーシャルワーカー）の視察調査で，新北市の中学校に訪問した際，その中学校では学校社会工作師が種々な支援活動のひとつとしてフードバンクを運営していました。その中学校の生徒数は約2000名で，学校社会工作師は6名配置されています。中学校内での学校社会工作師によるフードバンクの運営では，学校の授業のなかで生徒に呼びかけて家庭から物品（食料類，衣服，生活用品，家電，調理器具ほか）を寄付してもらったり，NPOや地域，企業からの寄付もあるそうです。そして，家庭のニーズ調査を通して，水曜日の午後に生徒か保護者に必要とされる物品を分配するそうです。このように，海外のスクールソーシャルワーカーの活動に目を向けると，いろんな開拓的実践のヒントを得ることができます。

3　福岡県のスクールソーシャルワーカー活用事業

日本のスクールソーシャルワーカー活用事業
　私は日本の学校教育・文化にこだわりながら，アメリカとは違う日本の学校

におけるソーシャルワーク実践をどう展開していくかということを考えてきました。本日，お話ししたように福岡県では補導教諭や子どもの貧困問題，地域的文化等の特徴があります。他方，他県では福岡県とは違う教員組織や文化があるかもしれません。そして，大切なことは，学校でどのようなソーシャルワーク実践をしていくかだと思います。

　アメリカ，カナダでは専門職大学院でソーシャルワーカーが養成され，彼らは修士号を保有しています。他方，日本では，学部レベルで社会福祉士や精神保健福祉士養成を図っていますが，座学としてのソーシャルワークの学びが主といえます。学校でスクールソーシャルワーカーのソーシャルワーク実践力が未熟な場合，管理職からは「もういらない。学校に来なくていい」と言われるでしょう。そのため，福岡県では，スクールソーシャルワーカーの職能団体として「福岡県スクールソーシャルワーカー協会」を設立し，スクールソーシャルワーカーたちの専門性向上に向けた研修を2カ月に1回開催しています。

　文部科学省による「スクールソーシャルワーカー活用事業」では，今日，スクールソーシャルワーカーは「社会福祉士，精神保健福祉士の有資格者が望ましい」となっていますが，2008年度の事業当初は「過去に教育や福祉の分野においての活動経験，実績等のある者」だけでした。私たちが設立した日本学校ソーシャルワーク学会では2016年にスクールソーシャルワーカーの全国調査を実施しましたが，社会福祉士の有資格者は50.7％，精神保健福祉士の有資格者は24.6％程度です。残りの方々は，退職教員や臨床心理士，その他です。この実態は，学校でソーシャルワーク実践がされているのかということです。文部科学省は「平成31年までにスクールソーシャルワーカーを1万人増員する」と言っていますが，果たして1万人全員が社会福祉士または精神保健福祉士の有資格者であり，ソーシャルワークが実践できる人たちとなるのでしょうか。

　スクールソーシャルワーカーの活用事業が始まって10年が経過しましたので，これからは学校側からのスクールソーシャルワーカーの実践評価がなされる時代です。「必要ないよ」となると，現在勢いのある流れが変わっていくかもしれません。「これは子どもたちにとって必要な支援，スクールソーシャルワーカーはなくてはならないものだ」と教育現場や，教育委員会に理解して

いってもらうという取り組みも求められます。役割業務として「問題を抱える児童・生徒がおかれた環境への働きかけだけがソーシャルワークなのか？」ということもあります。地域での子どもの居場所づくりといった社会開発もソーシャルワークの開拓的実践といえます。

　教育再生会議において「平成31年度までに原則としてスクールソーシャルワーカーを全中学校区に1万人配置する」とされています。全国で中学校区が約1万800ほどありますので、すべての中学校区に配置することで1万人増員していくわけです。新たなソーシャルワーカーの職域拡大だと思います。ソーシャルワーカーが学校に入ることによって、ソーシャルワーカーの職務をより社会に知ってもらえるよいチャンスだとも思います。スクールカウンセラーが導入されたとき、将来臨床心理士をめざす子どもたちが増えました。今日、大学でも「スクールソーシャルワーカーの支援を受けたので自分もスクールソーシャルワーカーになりたい」という大学生が現れる時代になりました。

　ただし、問題は、1万人増やすが予算枠が「年間48週、1日3時間」、すなわち1週3時間だけということです。その勤務時間では、週1回のケース会議に出て、意見を述べるだけの活動です。また、教師へのコンサルテーションで終わります。子どもと会うことなく、アウトリーチも含め、直接支援がほとんどできません。

　これからは都道府県単位で、スクールソーシャルワーカー活用の取り組み方が変わっていくかと思います。スクールソーシャルワーカーの予算は、国が3分の1、残りの3分の2が都道府県負担です。市町村のなかには、厳しい財源事情でも子どもたちの教育保障のためにスクールソーシャルワーカーを単独予算で採用されているところもあります。

福岡県のスクールソーシャルワーカー活用事業

　福岡県は2007年度に、苅田町でスクールソーシャルワーカーの活用事業が始まりました。そして、2008年度に文部科学省の「スクールソーシャルワーカー活用事業」が始動します。当初、私は福岡県教育委員会と協議し、どのような事業戦略を練るか、一緒に考えさせていただきました。福岡市や北九州市の政令指定都市を除いて、福岡県には58市町村がありますが、戦略的には2年ご

資料5　福岡県スクールソーシャルワーカー配置市町村の推移

```
                                                    39    39
                                          36    36
                                    30
                              26
                        17
                  12                                18    18
      14    14
                  6     6     6     6     6     6
2007  08    09    10    11    12    13    14    15    16    17  (年度)

■ 市町村単費
■ 県事業
                                          2017年度　県立高校12校
```

出典：筆者作成

とに複数の市町村にスクールソーシャルワーカーを1名，指定中学校拠点で配置していくことになりました。スクールソーシャルワーカーの配置事業の2年が終了した翌年度は，スクールソーシャルワーカーがいなくなります。そのため，市町村が独自予算でスクールソーシャルワーカーを雇用していくことになります。

　2016年度からは，スクールソーシャルワーカー未配置の16市町村すべてにスクールソーシャルワーカーが1名ずつ配置されました。これにより，2017年度を終えた時点で，福岡県下のすべての市町村にスクールソーシャルワーカー配置事業が実施されたことになります。この戦略で，年々，福岡県内では，市町村単費のスクールソーシャルワーカーが増加し，現在，福岡市，北九州市の政令都市を含めて60市町村のうち57市町村にスクールソーシャルワーカー活用事業が実施されています。また，スクールソーシャルワーカーを常勤化した町教育委員会も出てきました。

　現在，福岡県のスクールソーシャルワーカーは約120名（2018年度は約170名）ですが，県内の中学校は約370校ありますのでスクールソーシャルワーカーの人数はまだまだ足りません。また，県立高校にも12校（2018年度は17校）にスクールソーシャルワーカーが配置されていますが，配置校の増大が求められます。高校を中途退学した場合，正規雇用率が大学卒と比べた場合には高くなく，生活困窮となる事態も生じます。また，高校年齢では，精神疾患などのメンタル面の支援も必要な場合があります。そのため，高校のスクールソーシャ

ルワーカーは，社会福祉士だけでなく精神保健福祉士の資格も求められます。さらに，特別支援学校へのスクールソーシャルワーカーの配置も望まれます。

スクールソーシャルワーカーが出会った事例

　スクールソーシャルワーカーは厳しい家庭環境の子どもたちと関わっていくこともあります。以下の3つの事例はスクールソーシャルワーカーから紹介してもらったものです。

【事例①】不登校
「この世帯は両親だけでなく祖父母も含め，ギャンブルに興じており，日中はほとんど不在の状況です。学校側が連絡しても連絡がとれないことが多いです。生活保護を受給されていますが，ギャンブルで借金を抱えており，生活保護費のほとんどがギャンブルや借金の返済等にあてられているようです。そのため，子どもたちは同じ衣服を着続けるため，汚れた状態です。室内は掃除も十分行き届いておらず，自宅内部にはゴミ袋や家財道具等が放置されており，玄関に近づくだけで室内から独特の臭いが漂ってきます。」

【事例②】遅刻欠席過多
「保護者は経済的な理由から窃盗を行い，逮捕され，祖父母が子どもの面倒をみています。祖父母は子どもたちと違う住居で生活をしていますが，その理由は子どもたち世帯の住居が猫屋敷になっており，生活を送れるような状態ではないという理由です。実際，スクールソーシャルワーカーが子どもたちの生活を送っているところを見に行きました。土足でしか上がれない状態で，床は泥や猫の糞尿で汚れています。またところどころ床が腐って穴が開いていました。襖や障子は破れていたり，外れたりしています。猫が逃げだしたら困るからという理由で室内の窓は締め切られているため空気がこもっており，湿っぽさと独特の臭いが漂っていました。室内には数十匹の猫がおり，野良猫がどんどん増えている状態とのことでした。そうした家庭環境のなかで子どもの衣服や学用品がおかれたままの状

態でした。この住宅を出た後，スクールソーシャルワーカーの服に茶色い点が複数ついていました。その点をよく見ると猫のノミが服に飛び移ったものでした。」

【事例③】不登校
「母親はアルコール依存により毎日ほとんど酩酊状態にあり，きょうだいの面倒は中学生の本人が主にみていました。父親は日雇い労働をしていましたが，家事には一切協力しません。また父親は仕事先で一緒になった10代後半の男性を自宅に招き入れ，生活を送っています。父親とその男性のお弁当を中学生の本人がつくらないといけません。そうした家庭環境から，本人は登校できない状況が継続していました。学校側は本人を登校させるように保護者に話をしましたが，父親が怒鳴ったり，辛辣な言動を学校にするため，学校としては話しあいにならず，本人の登校を働きかける取組が十分できていませんでした。本人は父親から『高校を諦めろ』といわれ，母親の体調が思わしくない状態が続いていたため，登校の意欲すらなくなりつつある状態でした。」

福岡県におけるスクールソーシャルワーカーの体制づくり

　福岡県教育委員会は6つの教育事務所があり，各教育事務所に1名ずつスクールソーシャルワーカーのスーパーバイザー（SSW・SV）がいます。そして，各教育事務所は複数の市町村教育委員会があり，それぞれスクールソーシャルワーカーが活動しています。スーパーバイザーは，福岡県教育委員会の予算で実施されています。スーパーバイザーは週1回4時間の勤務で，各教育事務所管轄内の市町村教育委員会に採用されているスクールソーシャルワーカーへのスーパービジョンと，月1回，各教育事務所管内のスクールソーシャルワーカーが参集した事例検討会を実施しています。また，年2回「スクールソーシャルワーカー・スーパーバイザー連絡協議会」が開催され，福岡県教育委員会と一緒にスーパービジョン体制についての協議をしています。他方，政令指定都市である福岡市や北九州市，中核都市の久留米市にもスーパーバイザーがいます。福岡県内のスーパーバイザーの人数は，10名となります。

資料6　福岡県のSSWスーパーバイザー体制（平成30年度）

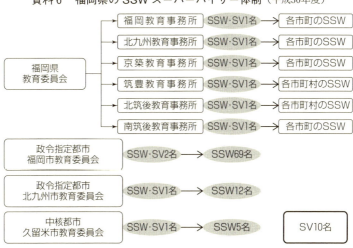

　スクールソーシャルワーカーの配置形態について，日本学校ソーシャルワーク学会の全国調査（2016年）では「派遣型」が68.7％と多い結果が出ています。派遣型は教育委員会に所属するスクールソーシャルワーカーが学校からの派遣依頼で学校に出向く形態です。派遣型では対象とする学校数も多いため直接支援をする時間数も限られ，学校へのコンサルテーションが中心となるでしょう。また学校が対応困難となったケースを支援依頼してきますので，状況改善も難しいのが現状です。

　「派遣型」は，スクールソーシャルワーカー活用のメリットやデメリットの観点から取り組まれているというよりは，財源の課題によるものです。派遣型よりも配置型の方が直接支援や予防のメリットがあります。2015年12月に，いじめ問題に対しスクールソーシャルワーカーはどのような役割を担えるのかを知りたくて，カナダのトロント市に行き，オンタリオ州教育省やトロント市教育委員会のチーフ・スクールソーシャルワーカーたちに話を聞きました。その際，スクールソーシャルワーカーの配置形態の話になったのですが，トロント市にはスクールソーシャルワーカーが108名おり，1人の担当する配置校が5〜8校で，その数は組合で上限を決められているとのことでした。トロント市

資料7　SSWの配置形態について

出典：筆者作成

のスクールソーシャルワーカーは当然常勤ですが，教職員組合に加入しており，教職員と一緒に身分保障に取り組んでいるそうです。そのとき，日本の「派遣型」の話をすると，トロント市のチーフ・スクールソーシャルワーカーたちは「それは crisis intervention しかできないよね」と言われました。

　他方，福岡県では，私は「中学校区拠点巡回型」の配置形態を推進しています。特に，福岡市ではこの配置形態です。この形態は，ひとつの中学校区に1人のスクールソーシャルワーカーを配置します。したがって，対象校数も中学校1校と小学校1〜3校で，多くても4校を担当します。この配置形態をトロント市のチーフ・ソーシャルワーカーに言うと，「とてもいい」と言ってくれました。

　「中学校区拠点巡回型」では，拠点となる小学校の職員室の中にスクールソーシャルワーカーの机があります。ここを拠点にほかの学校を巡回していきます。この配置形態は「派遣型」と違い，子どもたちや保護者と関わることが可能なため，直接支援やアウトリーチができます。また教師と一緒にチーム学校として動きますので，「予防」にも取り組めます。子どもの問題を複雑化させる前に芽を摘んでいくことができます。家族世帯単位でアプローチをするため，小・中連携ができます。また，中学校区という地域内の支援者とのネット

資料8　福岡市のSSW配置形態（中学校区拠点巡回型）

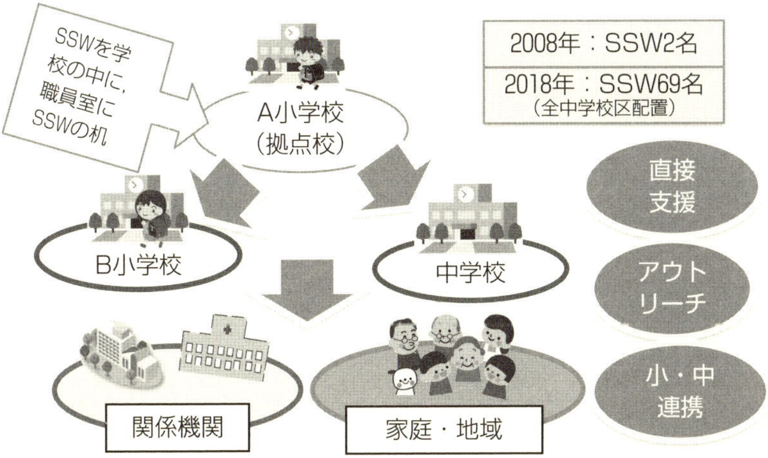

図中テキスト：
- SSWを学校の中に、職員室にSSWの机
- A小学校（拠点校）
- B小学校
- 中学校
- 関係機関
- 家庭・地域
- 2008年：SSW2名
- 2018年：SSW69名（全中学校区配置）
- 直接支援
- アウトリーチ
- 小・中連携

出典：筆者作成

ワークを築いていきますので，まさに学校・地域・家庭の協働アプローチが展開できるのです。

　福岡市ではこの配置形態により，学校やPTA，民生委員等からスクールソーシャルワーカー増員の声が高まり，2008年度2名からスタートした人員も2017年度には27名まで増えてきました。それでも「全中学校区配置」を要望する声が学校や地域からあがっていました。福岡市には中学校が69校ありますが，ついに2018年度よりすべての中学校区にスクールソーシャルワーカーを配置することになりました。2017年度のスクールソーシャルワーカー27名から，一挙に42名の増員です。

　スクールソーシャルワーカーは，学校で気がかりな子どもたちのケース会議を教職員と一緒に定期的に開催します。また，子どもの授業参加状況を見るため教室巡回をし，教師から依頼のあった気になる子どもたちの授業風景を見たり，給食時間にその子たちと話をしながら一緒に給食を食べたり，昼休み時間は一緒に遊んで過ごすようにします。

　子どもを面談室に連れてきて話しなさいといっても，子どもは話してくれません。遊んで親しくなっていくことで，家庭の話を聞くことができます。遊ん

でいるときに，子どもから「実は昨日，お父さんからどつかれた」という話がポロッと出てくるわけです。日々関わりながら子どもたちの声を吸い上げていきます。また教師に児童虐待の研修や発達障害の研修，不登校の研修をして，子ども理解の共有化を図ったりします。さらには家庭訪問をします。関係機関とのつなぎもあります。

　福岡市のスクールソーシャルワーカーたちは週１回，「こども総合相談センターえがお館」にあるスクールソーシャルワーカーの事務所に集まります。このえがお館には，児童相談所と一時保護所，少年サポートセンター，適応指導教室などが入っています。2017年度は，スクールソーシャルワーカーたちはチーフ・スクールソーシャルワーカーの下に３つの班に分かれており，ピア・スーパービジョンや研修を実施しあっています。互いの事例検討会をして専門性の向上を図る体制をとっているのです。また，２カ月に１回，スーパーバイザーによるスーパービジョンが実施されます。

4　新たな学校ソーシャルワーク実践の開拓に向けて

「チーム学校」

　福岡県教育委員会では，文部科学省が提案している「チーム学校」体制に向けてどのように取り組んでいくかということで，モデル事業として「チーム学校推進事業」を2016年度より実施しています。筑豊地区の３つの市町それぞれで１中学校区に「チーム学校」体制づくりをしています。スーパーバイザーとして私も関わり，事業計画に関する定期的な会議にも参加しています。今後は児童生徒問題に対して，文部科学省は「チーム学校」として，学校教職員，スクールソーシャルワーカー，スクールカウンセラー，スクールサポーター（県警少年課の退職警官）等がチームとなって関係機関と協働し，児童生徒支援にあたっていくことを提唱しています。

　近年，カナダのトロント市では「whole school approach」，学校全体で児童生徒全員を対象にいじめ問題やLGBT問題，学習支援問題等に取り組んでいくアプローチを展開しています。学校全体で児童生徒を対象とした場合，スクールソーシャルワーカーによる個別支援を要する子どももいれば，個別支援

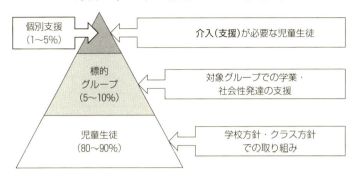

資料9　アメリカ：学校全体アプローチ（whole School Approach）
対応(Response)から介入(Intervention)へ(RTI)

を要する状況の手前にいる子どもたちもいます。また，その他の子どもたちは特に支援を要する状況にはありませんが，問題を抱えないための「予防」をしていくことも必要です。

　同様に，アメリカにおける「Response to Intervension 」（RTI）も同じ考え方です。学校内の子どもたちの約80％は特に支援を要しない子どもたちですが，いじめや暴力問題とか人権問題を引き起こさないための予防として学校全体での取り組みをしていきます。しかし，約5〜10％の子どもたちにおいてはソーシャルスキルや学業の支援が必要です。さらに約1〜5％の子どもたちは個別支援による介入を要し，スクールソーシャルワーカー等を含めた専門スタッフによるアプローチが必要です（資料9）。

　このように，スクールソーシャルワーカーが配置されているカナダやアメリカにおいては「whole school approach」を展開しているので，日本における「チーム学校」もこのアプローチの導入が求められるのではないでしょうか。

筑豊地域での「チーム学校推進事業」

　学校には，スクールソーシャルワーカーの支援を要する「要支援」の子どもがいます。しかし，介入まではいかないけれど，気がかりで，家庭背景も含めて経過観察しておかないと要支援になりそうな「要観察」の子どもたちがいます。そのような子どもたちにも時々声かけをして関わっていく必要がありま

資料10　福岡県教育委員会「チーム学校推進事業」筑豊地区指定中学校区

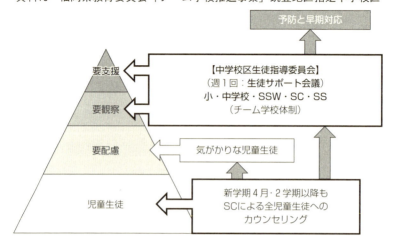

す。

　さらに，スクールソーシャルワーカーが昼休み時間に校内巡回していると，友だちとも関わらず，孤立している子どもを発見する場合があります。欠席も遅刻もないが，気がかりな子どもで，担任教師に伝えると，担任教師も「要配慮」の子どもと言われます。

　この要配慮の子どもたちの家庭環境を調べると，両親が離婚していたり，経済的に貧困で保護者の勤務が多忙で子どもへの関わりが少ないとった場合があります。このような要配慮の子どもたちにも関わりをもち，「要支援」にならないための「予防」をしていくことも大切です。

　そこで，筑豊地区でのチーム学校推進事業では whole school approach の観点から，「要支援」以外に「要観察」「要配慮」の子どもたちをみつけていくために，新学期4月ごろにスクールカウンセラーによる小・中学校の児童生徒全員の面談が実施されました。そして，週1回の「中学校区生徒指導委員会」(小・中学校の管理職，生徒指導，スクールソーシャルワーカー，スクールカウンセラー，スクールサポーター等が参加)にて，支援検討をしていきます。2学期以降もスクールカウンセラーによる小・中学校の全児童生徒と面談を実施し，継続して「要観察」「要配慮」の子どもたちが要支援へと進展しないための予防に取り組

んでいます。また，月1回，スクールソーシャルワーカーとスクールカウンセラー，スクールサポーターによる専門スタッフ会議を開催し，要支援，要観察，要配慮の子どもたちの情報共有を図っています。この専門スタッフ会議の開催により，危機介入を要する事態が生じたとき，学校と協働してスクールソーシャルワーカーは生活支援，スクールカウンセラーは保護者およびきょうだいの心理的支援，スクールサポーターは警察対応で迅速に支援が展開できました。

　このような体制によって早期対応の取り組みを続けていくことができ，不登校や暴力行為等の減少がみられています。

「予防」としての取り組み

　カナダ・トロント市で訪問した小学校でも月1回，「生徒サポート会議」が開催され，定期的に校長，担任教師，スクールソーシャルワーカー，スクールサイコロジストなどが協議をしていました。メンバーは子どもの状況によって違いますが，障害がある子どもの場合にはIEP（個別教育計画）が検討されるため，理学療法士や作業療法士，言語療法士などがスタッフとして入る場合もあります。筑豊地区のチーム学校推進事業でも，今後は週1回のケース会議のなかで発達障害や軽度知的障害の子どもがみつかった時には協議できる場になると思います。

　また，チーム学校推進事業のひとつの中学校区の小学校で，スクールソーシャルワーカーが要配慮の子どもたちに教室内や廊下で言葉かけをすると何名かは逃げてしまうことがあったそうです。そのため，この子たちと気軽に遊び，そして話せる居場所をつくりたいと思い，校長の許可と教師たちの理解のもとで空き教室に居場所をつくってもらいました。現在，昼時間，この部屋に子どもたちがやって来て，スクールソーシャルワーカーと一緒に遊んだり，話をしたりしています。人口3万人程度で2中学校区，農村地域では，関係機関などは政令都市と比べ，身近にありません。学校と関係機関をつなぐというのは，地理的に難しい場合があります。そのため，学校を社会資源として予防に取り組んでいくことが必要となります。この小学校内の居場所づくりもその手段です。

低経済層の子どもたちのなかには，自己肯定感が低く，心が満たされておらず，自分の思いを表出できない子どもたちがいます。学校に「居場所」をつくることで，子どもたちは登校し，教師が見落としがちな要配慮の子どもたちをスクールソーシャルワーカーがキャッチし，教師と一緒に支援していくことも欠かせない取り組みだと考えます。現在，この居場所の部屋には，担任教師から紹介されて何人かの子どもたちがやってきます。時にはほかの子どもたちも来ます。スクールソーシャルワーカーが子どもと日々話すなかで，あるとき「昨日，父親からひどく叩かれた。叩かれてばっかりや」という話が出てきたので，学校と一緒に取り組んでいきました。
　なお，この学校における「居場所づくり」は，新たな発想ではありません。韓国の学校社会福祉士（スクールソーシャルワーカー）の視察調査に出向いた際，小・中学校を訪問しました。学校内には学校社会福祉士の部屋がありましたが，韓国の学校社会福祉士の主な業務はアメリカと同様にカウンセリングです。ただし，部屋の中には，昼休み時間に子どもたちが集う居場所のスペースがありました。この部屋には子どもたちが自由に来て，学校社会福祉士とも話をします。この雰囲気のなかで，子どもたちから友人関係や家庭環境などの悩みの声があがるそうです。そこで，部屋の奥に個別的な相談室がありますので，そこで個別面談するそうです。小学校には遊び道具のあるスペースがありました。このような取り組みは「派遣型」の配置形態ではできません。福岡県ではスクールソーシャルワーカーによる「校内居場所づくり」を展開していきたいと思っています。

スクールソーシャルワーカーの現任者養成
　スクールソーシャルワーカーにとって子どもの状況を改善していくための大切なスキルは「コミュニケーション」です。高齢者の介護保険におけるケアマネジャーの業務では，居宅介護やショートステイ等の福祉サービスをマネジメントしていくことが主でしょう。しかし，スクールソーシャルワーカーは，福祉サービスを活用する場合もありますが，主には保護者とのコミュニケーションを通して保護者に子どもの教育や生活に目を向けていってもらうように取り組んでいきます。そのため，ソーシャルワーク実践をしていくことが求められ

資料11　子どもの抱える状況を改善するために
★学校ソーシャルワークで実践できること

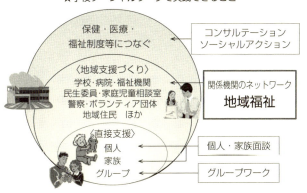

るのです。しかし，「スクールソーシャルワーカーになりたい」という学生たちには，「なりたいということと，なれるというのは違うよね」と言ったりします。それは，スクールソーシャルワーカーは子どもや保護者，さらには教師，関係機関の実務者，地域の方々と良好なコミュニケーションを図っていくことが求められるという実情があるからです。コミュニケーションが不得意な場合，アウトリーチで家庭訪問したとしても，子どもや保護者からは，「帰れ！」と一言いわれるでしょう。

　また，スクールソーシャルワーカーになりたての方のある事例ですが，学校からの依頼で家庭訪問に行かないといけない。しかし，家庭訪問の仕方がわからない。とにかく家庭に行って，ピンポンを押すが人が出てこない。どうしていいかわからないから1時間，じっと玄関先で突っ立っていました。学校に戻ってくるのが遅いことを危惧した校長が出向くと，玄関先で立ち尽くしているスクールソーシャルワーカーを見て驚き，学校につれて帰りました。このスクールソーシャルワーカーは前職では面談室で来談者を待って面談する経験がありましたが，アウトリーチは初めてだったのです。しかし，この最初の印象により学校評価が悪くなり，スクールソーシャルワーカーとして活動していくことが困難となりました。ほかの福祉分野で活躍した人でも，スクールソーシャルワーカーになって活躍できるとは限りません。だから現任者養成が必要

子ども自身へのアプローチ

家庭環境に働きかけても「家庭環境を変えることは難しいのではないか」という状況を実感することがあります。福岡県内のある市では，スクールソーシャルワーカーが「子ども自身に生活力を高める取り組みをしよう」と考えています。この市の生活保護率は38‰です。家庭環境の背景から自傷行為，子どもの非行，暴力行為，過呼吸発作，性問題等があります。貧困は金銭的な問題だけではなく，子どもたちの心，自尊心，人間関係にも深刻な影響を及ぼしてきます。子どもが体調不良でも保護者は病院につれていかない，おなかがすいてもほったらかしの状態で，保護者の養育力を期待してアプローチをかけても時間がかかります。そのため，子どもたち自身に食事の栄養面の知識や社会性，コミュニケーションスキルなどの「生活力」を培っていかないといけません。

この市は教育委員会や保健師の方々が協力的です。現在，子どもにどのような生活力をつけたらよいのかをスクールソーシャルワーカーが調査研究しています。今後の取り組みとしては，週末に支援を要する厳しい家庭環境の子どもたちを集め，グループワークや学習を通して，病気になったらどうしたらよいか，おなかがすいた時にどのように対処するか等々，生活力をつける取り組みを計画しています。現在，子どもにとって必要と考えられる生活力のスキルは何かを，児童養護施設の職員等を対象に，アンケートと聞き取りによる調査を実施しています。一定の調査が終わったら，地域内の場所を活用して学校から紹介された子どもたちを集めて生活力をつける取り組みをしようと考えています。スクールソーシャルワーカーが中心となって地域の方々や資源の支援を得て取り組んでいく予定です。子どもたち自身が貧困から離脱していくためには，教育に加え，「生活力，生きる力」をつけていく必要性があるように思えます。こういう取り組みも学校ソーシャルワーク実践としては大切だと考えています。

資料12　環境背景から生じる具体的な課題
・生活リズムが不規則になる
・食事・栄養面の課題
・コミュニケーションスキルの低下
・気持ちの言語化が苦手
・健康に関する知識の不足
・考え方やとらえ方の歪み
・他者への不信や孤立
・衛生面の課題

以上，子どもの貧困を含め，子どもたちが抱える状況はさまざまです。その状況改善に向けて，今後はますますスクールソーシャルワーカーは学校ソーシャルワーク実践を通して開拓的な実践が求められていくと思います。

Baker,R.L.（2003）Outreach, *The Social Work Dictionary,* 5 edition.NASW Press, p.309.
Clark,J.P. & Alvarez,M.E.（2010）*Response to Intervention: A Guide for School Social Workers,* Oxford University Press.
門田光司（2002）『学校ソーシャルワーク入門』中央法規出版
門田光司（2010）『学校ソーシャルワーク実践—国際動向とわが国での展開』ミネルヴァ書房
Johnson,H.M.（1916）*The Visiting Teacher in New York: A statement of the function and an analysis of the work of the visiting teacher staff,* Kessinger Publishing, p.22.
Freidman,M. & Friedman,B.（2006）*Settlement House;Improving the Social Welfare of America's Immigrants,* Rosen Publishing Group,Inc.
福岡県福祉労働部（2016）「福岡県ひとり親世帯等実態調査報告書概要版」福岡県福祉労働部児童家庭課
日本学校ソーシャルワーク学会（2016）「全国におけるスクールソーシャルワーカー事業の実態に関する調査報告」学校ソーシャルワーク研究（報告書）

■セミナー参加者との質疑応答

Q1　アメリカとカナダを例として挙げた理由。
A　アメリカはスクールソーシャルワーカーの起源で，専門職養成の長い歴史もあり，参考となる。しかし，学校問題は暴力等が1位であり，日本の学校問題とは異なる。他方，カナダ・トロント市の学校ではいじめや精神保健が問題となっている。そのため，スクールソーシャルワーカーの役割やスーパービジョンの取り組み方などでは，カナダのトロント市の取り組み方も参考になった。たとえば，チーフ・スクールソーシャルワーカーのもとでスーパービジョンをし合うという仕組みなどは，福岡市のスクールソーシャルワーカー体制に取り入れている。

Q2　社会福祉協議会（社協）のコミュニティー・ソーシャルワーカーにスクールソーシャルワーカーを行政委託で置いている所がある。包括的な子ども支援が

求められているなかで，その可能性等についての考えを伺いたい。

A 社協から派遣という形になると，学校や教育委員会にとっては外部機関からの専門職派遣となり，学校教育に共に携わって一緒に取り組むという基盤が弱くなる。福岡県では教育委員会に所属して中学校区拠点巡回型の配置形態を広げようとしている。コミュニティー・ソーシャルワーカーはスクールソーシャルワーカーと役割機能が違う。スクールソーシャルワーカーは，子どもたちの教育を保障していくという使命のもとで活動していく。スクールソーシャルワーカー事業をいったん社協で始めるという体系をつくってしまうと，教育委員会の事業として変更していくのは難しくなるのではないだろうか。

Q3 コミュニティー・ソーシャルワーカーやメディカル・ソーシャルワーカー，精神保健福祉士等との連携や協働のあり方について，何かあれば教えていただきたい。

A スクールソーシャルワーカーは，学校に基盤をおきながら子どもの教育，学校・家庭生活支援を行う。そして，子どもたちの支援で外部の関係機関との協働を要する場合には，学校と関係機関のつなぎ役を担っていく。子ども本人や保護者が精神疾患等を有する場合には，スクールソーシャルワーカーは精神科ソーシャルワーカーと協働していくケースが多いといえる。しかし，医療ソーシャルワーカーと協働していく場合もあるが，個人的にはスクールソーシャルワーカーと医療ソーシャルワーカーが協働したケースはあまり多くない。コミュニティー・ソーシャルワーカーについては，福岡市のスクールソーシャルワーカーが子ども食堂をつくりたいという意向をコミュニティー・ソーシャルワーカーが受け止めてくれて，社会資源につなげてもらったケースがある。コミュニティー・ソーシャルワーカーも医療ソーシャルワーカーも精神保健福祉士もスクールソーシャルワーカーもソーシャルワーカーなので，子ども支援にあたっては同じ専門的価値を共有しているため，他専門職との協働よりもスムーズに連携・協働し合えると思う。

Q4 スクールカウンセラーとスクールソーシャルワーカーの連携について，「全児童生徒へのカウンセリング」というと，スクールカウンセラーの視点からだけのスクリーニングという印象を受けるが，いかがか。

A スクールカウンセラーが心理学の視点でスクリーニングして，気がかりな子どもをみつけ出し，週1回の「生徒サポート会議」後，スクールソーシャルワーカーの視点も加味して継続的に支援を検討していくシステムになっている。

Q5　学校に補導教諭がいる場合，実際にスクールソーシャルワーカーはどのような活動をしているのか。

A　補導教諭は教師なので，教育的視点から子どもに対応しながら非行を防いでいく。家庭背景への福祉的な働きかけはスクールソーシャルワーカーの役割で依頼するという分担ができてきている。福祉制度を知った専門職が学校に入るメリットが補導教諭にも理解されてきている。これにより，補導教諭や生徒指導教諭，民生委員などからスクールソーシャルワーカー増員の必要性が認識されている。スクールソーシャルワーカーの役割と活動の認識に伴い，福岡市では2008年度2名のスクールソーシャルワーカーから始まり，現在27名まで増員されたが，2018年度からは全中学校区（69校）配置となった。

Q6　スクールソーシャルワーカー設置に対する反対とか，縄張り意識のようなものはないか。

A　スクールソーシャルワーカーが身近にいない学校では「スクールソーシャルワーカーは必要ない」という意見もあるが，スクールソーシャルワーカーの仕事がわかってくればそういう意見は出ていない。ただ，生徒指導において困難な事例をスクールソーシャルワーカーにお任せしようとする学校が出てくるので，教育委員会から学校へスクールソーシャルワーカーの適切な活用をしてもらうようにスーパーバイザーが仲介する場合がある。

Q7　どういった枠組みで関係機関と情報共有しているか。

A　子どもの支援にあたっては，アセスメント・プランニング・実行・モニタリングのPDCAサイクルで進めている。スクールソーシャルワーカーはアセスメントで学校や関係機関から情報を収集し，ケース会議でのプランニングに際して情報共有のもとで学校，スクールソーシャルワーカー，関係機関が支援での役割分担を担い，協働していく。その後，支援の実行とモニタリングが継続していくが，子どもの抱える状況改善に向けて情報共有していく前提が枠組みとしてある。当然，ケース会議の参加者は相互の信頼のもとで個人情報を共有し合うことになる。

Q8　早期予防について，保育士や学校教員との連絡や相談はあるのか。

A　保幼小の連絡会があり，その機会を通して気になる子どもをキャッチしていく。要保護児童対策地域協議会もその機会として捉えることができる。

Q9　韓国の制度について。
A　日本より5年早くスクールソーシャルワーカー事業が動き出した。韓国学校社会福祉士協会が中心に養成体系を充実させている。日本は韓国のスクールソーシャルワーカー養成体系を参考にしながら，どう養成していくかが課題だと思う。

Q10　スクールソーシャルワーカーが学校に入り込む場合，校長によって対応が違うのではないか。
A　日本でも学校長がスクールソーシャルワーカーの活動に好意的だったら入りやすいが，そうでない所もまだある。

Q11　「家庭に働きかけるのは限界がある。むしろ子ども自身が環境に左右されずに力をつけるということも必要ではないか」という視点はこれから議論が分かれるのではないか。
A　児童福祉でのソーシャルワークの目標は，子どもにとって「幸せな家庭環境」をめざして，親が子どもの養育に目を向けるようアプローチすることだと思う。しかし，親にその変容を求めるのがなかなか難しい場合がある。その場合，子ども自身に生活力を身につけていく支援も必要ではないかと考える。文科省が「スクールカウンセラーは心に働きかける，スクールソーシャルワーカーは環境に働きかける」と種別分けをしているが，福岡県のスクールソーシャルワーカーたちはソーシャルワーク実践をしていくことに基盤をおいているので，「環境に働きかける」という役割を固守していない。子どもと家庭，子どもと学校，地域との関係性でどんな取り組みが求められるかを考えながら，新たな学校ソーシャルワークの開発的実践が求められていくと思う。

第Ⅲ部　子どもの貧困と学校／保育ソーシャルワーク

保育ソーシャルワークの枠組みと課題

石田慎二（帝塚山大学現代生活学部准教授）

　今日は「保育ソーシャルワークとは何か」というより，私自身が「保育ソーシャルワークに関して，こんな論点がある，こんな点に疑問をもっている」という話を前半にさせていただき，後半のみなさんの議論のきっかけにしていただきたいと思っています。

　阿部彩先生は『子どもの貧困Ⅱ』（岩波書店，2014）のなかで「母子世帯など貧困層の子どもの大多数は保育所に通っており，一方で，保育所はあからさまな『貧困対策』でもないのでスティグマも発生しない。その意味で保育所は子どもの貧困対策の場として適している」（163頁）と述べています。また，『貧困と保育』（秋田喜代美ほか編，かもがわ出版，2016）のなかで中村強士先生が保育ソーシャルワークのことを検討しており，近年，子どもの貧困対策として保育ソーシャルワークが注目されてきています。

　今日は，子どもの貧困の現状について詳しく話をするというより，その対策として注目されている「保育ソーシャルワーク」の論点について3つの話をしていきます。まず，そもそも「保育ソーシャルワークへの期待」にはどういう背景があるのかについて，次に「保育ソーシャルワークの論点」について，最後に「保育ソーシャルワークは確立していないもの」ということを前提として，「今後，確立していくにはこんなことが必要ではないか」という課題について述べていきます。

1　保育ソーシャルワークへの期待

子ども・子育てを取り巻く環境の変化

　2000年くらいから子どもソーシャルワーク，保育所における家庭支援が注目

されてくるようになりました。2000年に児童虐待防止法が施行されて，社会的にも子どもの虐待が注目されてきました。そのなかで保育所においても虐待につながる前段階で予防しようということで，育児不安への対応，保育所を利用している家庭への支援，地域で子育てをしている家庭への支援が始まりました。さらに，昔から発達障害の子どもたちはいたと思いますが，発達障害支援法が施行された2005年前後から保育所でも発達障害の子どもたちにどう対応するか，親をどう支援していくかが注目されていきます。また，2000年代後半には「子どもの貧困」が社会的に注目されてくるようになりました。

　このような問題に対して保育所だけで対応することは難しいということで，他機関との連携が求められるようになってきます。保育士の人たちは保育には長けており，実践・研究が積み重ねられてきましたが，連携，ネットワークについては実践としてはあったものの，研究はほとんど重ねられてきていませんでした。

　しかし，2000年頃から必要性が認識されるようになり，「保育ソーシャルワーク」という用語が論文で出てくるようになります。保育所においてもこのように環境が変化してきたことで「保育ソーシャルワーク」が注目されるようになってきたのです。

子ども・子育て支援の動向

　ここでは，子ども・子育て支援の動向について，①地域子育て支援拠点事業，②2015年度から施行されている「子ども・子育て支援新制度」，③子どもの貧困対策を話していきます。

　まず，第1の地域子育て支援拠点事業についてです。1990年前後から保育所において子育て支援をしていく必要性が認識されるようになって，「保育所地域活動事業」「保育所地域子育てモデル事業」「地域子育て支援センター事業」が始まりました。2002年には「つどいの広場事業」が展開されていき，保育所以外でも子育て支援が注目されてくるようになり，2007年には「地域子育て支援拠点事業」として統合されました（資料1）。

　保育所以外で子育て支援が行われるようになってくると，保育ソーシャルワークの実践の場として，保育所以外の子育て支援の場まで範囲に入れるかど

資料1　地域子育て支援拠点事業

【保育所における地域子育て支援事業】
1989　保育所地域活動事業
1993　保育所地域子育てモデル事業
1995　地域子育て支援センター事業

【保育所以外での地域子育て支援事業】
2002　つどいの広場事業の創設

↓

2007　地域子育て支援拠点事業
【基本事業】
①子育て親子の交流の場の提供と交流の促進
②子育て等に関する相談・援助の実施
③地域の子育て関連情報の提供
④子育て及び子育て支援に関する講習等の実施

出典：筆者作成

うかが議論になります。あくまで保育所に絞るのか，もっと広げるのかが論点となると思います。

　次に，第2の子ども・子育て支援新制度についてです。2015年度から子ども・子育て支援新制度が施行されたことにより，保育所，認定こども園，一部を除く幼稚園が，同じ施設型給付として保育を提供するようになっています（資料2）。「地域子育て支援拠点事業」についても「地域子ども・子育て支援事業」として位置づけられました。

　この制度が施行されたことにより保育ソーシャルワークの枠組みが複雑になってくるのではないかと思います。今までは保育の場が保育所だけだったので，初期の保育ソーシャルワークの論文では保育所を中心として議論されています。しかし，今は，それが広がりをもってきて，認定こども園，幼稚園，地域子育て支援拠点事業などの場では保育ソーシャルワークはどうなのかということも考えなくてはならなくなってきました。

　最後に，第3の子どもの貧困対策についてです。最近の保育関係者の研究をみると，「貧困対策」のなかの解決策のひとつとして「保育ソーシャルワーク」に期待している部分があるように思われます。しかし，「子供の貧困対策に関する大綱」のなかでは「保育」についてあまり述べられていません。大綱では「食育」や「質の高い保育」，さらに「保幼小の連携」などは言われていますが，

資料2　子ども・子育て新制度

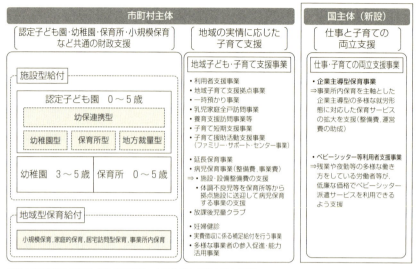

出典：内閣府編（2016）『平成28年版　少子化社会対策白書』49頁

詳しく保育について述べられていないのです。保育所保育指針でも貧困対策に特化した内容は記載されていません。

保育士・保育所の役割

　保育士・保育所としては，子どもを保育することが最も大きな役割としてあります。今でも子どもの保育が軽視されているわけではないですが，最近の動きのなかでは家庭支援が注目されるようになってきています。

　保育士の資格は昔からありますが，2001年の児童福祉法改正（2003年施行）において初めて法律に保育士が位置づけられました。具体的には，児童福祉法第18条の4に「保育士とは，第18条の18第1項の登録を受け，保育士の名称を用いて，専門的知識及び技術をもって，児童の保育及び児童の保護者に対する保育に関する指導を行うことを業とする者をいう」と規定されました。

　ここで初めて，保育士の仕事は子どもの保育をするだけでなく，保護者に対する支援もしないといけないということが法律上に位置づけられました。これ

以降，保護者に対する支援をどうしていくかを考える研究，実践報告が増えていきます。

　保育所保育指針の改訂も進みます。2017年3月31日に保育所保育指針が改訂されました。これまでの保育所保育指針の改訂の動向をみると，1999年に「子育て支援」が保育所の役割として明記され，2008年の改訂のなかで第6章として「保護者に対する支援」が設けられます。2008年の保育所保育指針の解説書のなかに「保育所はソーシャルワーク機能をもつ」と書かれていますが，保育士が行うかどうかは明記せず，「保育士が全部担うわけではない」という表現となっていました。今回の改訂でも「子育て支援」が第4章に記載されていますが，内容としては2008年改訂の保育所保育指針と大きく変わったというわけではありません。

　子どもの貧困に対しては，今回の改訂においても保育所がどのように対応するかは記載されていません。要支援の子ども（虐待など要保護児童）の支援に関して関係機関が連携していこうということで，「要保護児童対策地域協議会」（要対協）で連携を図っていくことが記載されていますが，そこでも「子どもの貧困」は出てきません。子どもの貧困は注目されてきていますが，法律や保育所保育指針のなかには具体的な内容が記載されていないのが現状です。

　ここまでみてきたように保育所の役割は子どもの保育が中心ですが，子どもの保育と同様に保育所を利用している保護者に対する支援を行っていくことが求められています。それらに加えて保育所では，地域の子育て家庭等に対する支援を実施していくことも求められています。具体的には保育所において地域子育て支援拠点事業や園庭開放などを実施することで，保育所を普段利用していないが，その地域で子育てをしている家庭に対して交流の場や遊びの場を提供するというような取り組みをしています。2000年以降，保育所を利用していてもしていなくても，子育てをしているすべての家庭への支援が注目され，保育所の役割として保育所保育指針にも記載されているように，その重要性が増してきています。

　長年，子どもの保育に関する研究は積み重ねられていますが，保護者支援や地域子育て支援の研究が増えてくるのは2000年以降で，まだ研究が浅い分野であり，今後さらに研究を深めていくことが必要とされています。

近年,「保育ソーシャルワーク」という用語が使われるようになりましたが,保育現場の人が「保育ソーシャルワーク」という用語を使っているという実感はあまりありません。「保護者支援」「地域子育て支援」という用語は保育現場の人に浸透してきていますが,「自分たちは保育ソーシャルワークを行っている」という意識は,あまりないのではないかと思います。研究者でも保育分野の人よりも社会福祉分野の人が「保育ソーシャルワーク」という用語を使っているような感じをもっています。

2　保育ソーシャルワークの論点

定　義

　2013年に日本保育ソーシャルワーク学会が設立されました。日本保育ソーシャルワーク学会のホームページでは,保育ソーシャルワークについて以下のように説明されています。

> 「『保育ソーシャルワーク』とは,子どもの最善の利益の尊重を前提に,子どもと家庭の幸福（ウェルビーイング）の実現に向けて,保育とソーシャルワークの学際的領域における新たな理論と実践として捉えられています。しかし,そのシェーマ（定義,内容,方法等）やシステムについて,いまだ確定したものが構築されるには至っていないのが実情です。
> 　そこで,保育学研究における専門学会として,『日本保育ソーシャルワーク学会』を設立し,保育ソーシャルワークのさらなる発展を期して,保育ソーシャルワークに関する研究及び交流を積極的に図り,もって,子どもと家庭の幸福の実現に貢献することをめざすものです。」

　つまり,学会が「保育ソーシャルワーク」を定義したわけではなく,みんなで考えていこうということです。「そのために学会を設立した」とあり,定義自体,明確なものがあるわけではありません。
　保育ソーシャルワークに関する論文を読むと,保育ソーシャルワークの定義については2つの立場があります。ひとつは「保育士が行うソーシャルワーク」

のことであり，もうひとつは「保育・子育て支援の場で行われるソーシャルワーク」のことです。後者は保育士が主体であるとは限りません。中村強士先生は前述の著書において「保育士ではない人を配置すべきだ」と主張しています。

保育士が行うという立場では，保育所，保育現場に限らず，障害児通園施設の保育士が保育ソーシャルワークを行うということも議論されています。保育所において行われるソーシャルワークと，地域子育て拠点事業などの子育て支援の現場で行われるソーシャルワークのことが議論されることもあります。最近の議論は後者も多いようです。

橋本真紀先生は『地域を基盤とした子育て支援の専門的機能』(ミネルヴァ書房，2015)において「地域子育て支援拠点事業」の場所で地域に根ざしたソーシャルワークを行っていくという観点から書かれています。「保育ソーシャルワーク」という言い方ではなく，「地域子育て支援拠点事業で地域に根ざしたソーシャルワーク」として研究されています。

当初は子育て支援の場も広がっていなかったので，保育所の保育士がどう対応するかということでしたが，最近は必ずしも保育士に限定する必要はないのではないかということで議論が広がってきています。どちらの立場をとるかに関しても保育ソーシャルワークの論点になるかと思います。

保育所で保育ソーシャルワークを行う場合，保育士が行うのか，他の専門職が行うのかということも議論になります。スクールソーシャルワークは教員がソーシャルワークを行っているわけではなく，外部のソーシャルワーカーが学校に来ます。保育ソーシャルワークの場合は，保育士が行うという前提で議論されはじめて，しかし保育士だけではできないということで社会福祉士が入っていくのがいいのではないかと主張されたりしています。このように，スクールソーシャルワークと保育ソーシャルワークは始まりの時点で違いがあるのではないかと感じています。

主　体

保育ソーシャルワークの主体については，①保育士，②社会福祉士(ソーシャルワークのアイデンティティをもっている人)，③保育士と社会福祉士の両方の資格をもっている人が考えられます。社会福祉士を取得した人のなかに保育士を

取得している人もいて，最近は少ないですが，10年ほど前は両方を取得できるところが多かったと思います。保育士は国家試験を受けて取得する方法もありますので，社会福祉士の勉強をしている人が在学中に保育士の国家試験を受けて保育士の資格を取得し，さらに社会福祉士の国家資格を受けて両方をもって保育所に勤めている人もいます。しかしながら，これは主流ではないので保育ソーシャルワークの主体の基本にすることは現実的ではありません。保育士と社会福祉士の両方を取得している人は稀なケースなので，保育士が行うか，社会福祉士（ソーシャルワークのアイデンティティをもっている人）を新たに配置するかということになります。

保育士が行う場合はさらに2つに分けて考えることが必要です。ひとつは担任の保育士が行う場合で，もうひとつは園長や主任保育士などが行う場合です。保護者の支援となると，子どもを保育しているクラスの担任保育士が保護者とのかかわりの中心になりますが，より深刻な問題になると，担任保育士以外に園長や主任保育士が一緒に取り組んだり，担任保育士に代わって取り組んだりする事例が報告されています。

担任の保育士が行うのであれば，保育ソーシャルワークも保育士の業務のひとつだということになるので，保育士養成施設において「保育ソーシャルワークができる保育士」を養成して卒業させることが必要となります。一方，園長や主任保育士など，より経験を積んだ保育士が行うのであれば，働きながら研修を積むことになります。保育ソーシャルワークの主体について，どちらを想定して話されているかが明確にされないままに議論されていることがあり，これを明確に分けて考えるべきではないかと思います。

対　　象

すでに述べたように保育や子育て支援の場が複雑になってきて，以前は基本的に保育所を利用している家庭が保育ソーシャルワークの対象でしたが，最近は保育所を利用している家庭のみならず，地域で子育てをしている家庭も対象に入ってきています。さらに保育ソーシャルワークという時に，地域自体を変えていく活動をする面から地域社会にアプローチしていかないといけないということでソーシャルアクション，コミュニティワークを含めて考えるのであれ

ば,「子育て家庭が生活する地域社会」が対象になります。

　まずは,保育所等を利用している家庭について考えていきます。「保育所等」という時にはまず保育所が入ります。ここまでは問題ないかと思います。「認定こども園」も子育て支援を実施するとされていますので「認定こども園で保育ソーシャルワークを行う」と言っても違和感はないと思われます。ただし,問題となるのは子ども・子育て支援新制度のなかに入っている幼稚園です。幼稚園教諭が保育ソーシャルワークをするとなると,若干,違和感をもたれるのではないでしょうか。多くの幼稚園教諭は,特に20歳代,30歳代の幼稚園教諭はほとんど保育士の資格も取得していますので保育所に勤める保育士と大きく違うことはないと思いますが,保育ソーシャルワークの論文などでは幼稚園の事例はほとんど出てきません。

　今回,新しく制度化された「地域型保育給付」の対象である「小規模保育」は,定員が19人以下で,0〜2歳の子どもを対象とするものです。さらに小規模の「家庭的保育」,家庭で保育を行う「居宅訪問型」,企業の従業員の子どもを保育する「事業所内保育」も規模は違いますが,保育所同様に保育の場となります。これらの場で従事する保育者も保育ソーシャルワークを行うとなると,これまではほとんど議論されていませんが,今後検討していく必要があるでしょう。このような小規模の保育の場において保育ソーシャルワークを担うとなると,いろいろと難しい部分も出てくると思います。

　また制度には入っていますが,市町村の管理下にない「企業主導型保育事業」や,子ども・子育て支援新制度の枠外にある「認可外保育施設」における保育ソーシャルワークをどう扱っていくかも課題です。

　認可外保育施設は約6000カ所ありますが,実は認可外保育施設のほうが,家庭事情が複雑な方が利用されている現状もあり,認可外保育施設における保育ソーシャルワークをどうするかを考えていくと,いろいろな課題が出てきます。

　このように保育ソーシャルワークの対象を考えていくと複雑になっていきます。ただし,最初から複雑なところまで考えるのは大変なので,まずは保育所を中心として考え,それを他のところにどう応用していくかを考えることが現実的であると思います。

次に，地域で子育てをしている家庭について考えていきます。地域で子育てをしている家庭は主として乳幼児の子育てをしている家庭を対象として考えます。小学生，中学生を含むのではなく乳幼児に限定します。地域子育て拠点事業などの地域子育て支援の場にくる家庭は主として0～2歳の子どもをもつ専業主婦の家庭です。専業主婦の家庭では3歳になると幼稚園にいきますので地域子育て拠点事業などには来なくなります。0～2歳の場合は保護者が働いていると保育所に預けることができますが，専業主婦の家庭は保育所を利用できないので地域子育て支援の場にきます。
　子ども・子育て支援新制度の枠内でいうと，「地域子ども・子育て支援事業」の「地域子育て支援拠点事業」を利用する人たちになります。ここで保護者支援を行う際に活用される技術や実践は，保育所で行う子育て支援と重なってくることが多いと思われます。
　しかし，「地域子ども・子育て支援事業」の「一時預かり事業」や「乳幼児全戸訪問事業」「養育支援訪問事業等」などになると，保育ソーシャルワークの議論がほとんど出てきません。乳児家庭全戸訪問事業でどんな支援をするかは議論になりますが，保育ソーシャルワークの枠組みのなかではほとんど出てきません。
　さらに，「地域子ども・子育て支援事業」において，保育ソーシャルワークをどう考えたらよいかを悩むのは「利用者支援事業」です。利用者支援事業は子育てに悩んでいる人たちが利用者支援事業を実施している機関に行って，いろいろなサービスにつないでもらう事業です（資料3）。利用者支援専門員が相談対応，個別ニーズの把握，事業支援やネットワーク構築，社会資源の開発を行います。こうなると保育ソーシャルワークと変わらないのではないか，この人たちも保育ソーシャルワークと同じことをやっているのではないかと考えられます。この事業をどう考えていくかが難しいと思っています。最近，いろいろな事業が新たに創設されているので，それらの実態把握をすることも必要になってきます。
　最後に，子育て家庭が生活する地域社会についてです。地域をどう変えていくか，地域住民にどうアプローチしていくかが重要になりますが，この部分については保育ソーシャルワークにおいて深く議論されてはいません。

資料3　利用者支援事業の役割について

出典：厚生労働省ホームページ

機　　能

　保育ソーシャルワークの機能についてはさまざまな見解がありますが，大きく分けると4つあります。第1は相談援助，第2はコーディネート（仲介・調整）です。第3は関係機関との連携・ネットワークです。保育所でいえば，保育所と他の機関をつないでいくといった，必要な社会資源につなぐ役割が強調されます。第4は地域社会への働きかけです。ここにはコミュニティワーク，ソーシャルアクションという機能が含まれてきます。

3　保育ソーシャルワーク確立に向けての課題

理論面での課題

　まず保育ソーシャルワークの理論を考えるにあたって，ソーシャルワークの一分野として考えるのか，保育ソーシャルワークという独自の分野があると考えるのかが問題となります。

他分野をみると,「高齢者ソーシャルワーク」とはいいませんし,「障害者ソーシャルワーク」ともいいません。保育現場の独自のものはありますが,それは高齢福祉分野でも障害福祉分野でもあります。あえて「保育ソーシャルワーク」というのはなぜでしょうか。

　つまり,理論的な基盤は「ソーシャルワークと変わらない」と考えるのか,それとも「ソーシャルワークとは違う理論がある」と考えるのかということです。このあたりは,保育ソーシャルワークの独自の理論があるような気もしますが,それが何なのかといわれるとどうなのだろうかという感じもします。

　「保育」がついていることによって何か違うものがあるのか。保育士が行うとなると保育の知識がありますが,ソーシャルワークの技術をもつ人が行うとなると違うものがあるかもしれません。

　高齢者福祉分野の人たちは現場から独立した人が行っています。ケアマネジャーは介護福祉士として介護をしているわけではなく,介護現場から離れたところでソーシャルワークを行っています。重なるところもありますが,介護現場と違うところでソーシャルワークを行っています。

　保育士が行うとなると「保育」と「ソーシャルワーク」が重なってくるものがあり,そこに「独自性」があるということになります。現状では整理しきれていませんが,整理していくために用語の整理をしていくことが必要ではないでしょうか。「保育指導」「保護者支援」「保育相談支援」などは,保育士養成課程で出てくる用語です。「保育カウンセリング」も保育学会で分科会が開かれていましたが,カウンセリングと何が違うか,また橋本真紀先生が言われる「地域を基盤とした子育て支援」は「保育ソーシャルワーク」と同じものなのか,それとも違うものなのかという問題もあります。保育ソーシャルワークを理論的に確立していこうとすると,用語や概念の整理が必要となってくると思います。

実践面での課題

　保育ソーシャルワークの実践面の課題としては,どのようにして現状の職員体制で保育現場に導入していくかということがあげられます。たとえば,保育所に限定すると,保育所の保育士が行うのか,それともスクールソーシャル

ワーカーのように，保育所に他の専門職を新しい職員として配置するのかということです（資料4）。

まず現状の職員体制で考える場合ですが，担任の保育士は保育士のメインの仕事として子どもの保育をするとともに，日々の業務のなかで親の支援もしています。しかし，より複雑な問題になると担任の保育士1人では対応しきれないので主任保育士や園長が連携することになります。場合によっては主任保育士，園長が主になって親とかかわっていきます。さらに連携，ネットワークとなると，おそらく担任の保育士が他機関と連携をとりあうことはほとんどなく，外部の機関と連絡をとるのは主任保育士や園長になります。

このように考えると，担任の保育士が保育ソーシャルワークの連携，ネットワークの機能を担うことはほとんどないので，保育ソーシャルワーク（保育SW）という時は，担任の保育士ではなく，主任保育士や園長などの経験を積んだ人が行うことが想定されていると思われます（資料4の①）。

次に新たな職員を配置する場合ですが，新たな職員を配置するとなると，これまで主任保育士や園長が

資料4　実践面での課題：体制

①現状の職員体制で考える場合

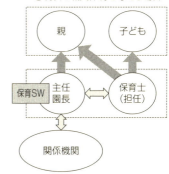

②新たな職員を配置する場合

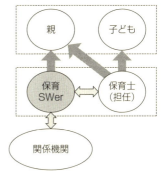

③保育所の外部にSWerを配置する場合

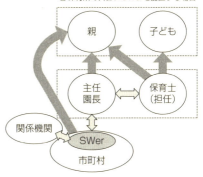

保育ソーシャルワークの枠組みと課題　185

担っていた部分に保育ソーシャルワーカー（保育SWer）という新たな職種が入ってくることになると考えられます。主任保育士や園長には独自の役割があるため，さらに保育ソーシャルワークの役割を課すことは難しいので，スクールソーシャルワーカーのように保育ソーシャルワーカーを保育所に新たに配置すべきではないかという議論になります（資料4の②）。

　保育所の外部にソーシャルワーカーを配置することも考えられます。利用者支援事業を考えると，保育所の外部にソーシャルワーカーが配置されていて，そこと連携をとって外部にいる人が関係機関との連携を調整することになります。外部のソーシャルワーカーが親も支援するというパターンもありうるのではないでしょうか。

　厚生労働省の「新たな社会的養育の在り方に関する検討会」で議論されているのは「社会的養護」だけではありません。そのなかに「市区町村子ども支援家庭」が入っていて「各市町村に子どもの支援をしていくひとつの拠点を設けていくべきだ」という議論がなされています。それとの関連で考えると，市町村に子どものことを担当するソーシャルワーカーが配置されていて，保育所と連携するということになります。保育所に配置するのではなく，外部の市町村レベルにソーシャルワーカー（SWer）を配置するという議論も最近されてきています（資料4の③）。

　「利用者支援事業」もそうですが，市町村の窓口のレベルでは社会福祉士ではなく，保健師の人たちが多く活躍されています。小さな市町村では福祉職採用しているところは少ないようですが，小さな市町村でも保健センターには保健師が配置されていて，その人たちがソーシャルワーク的な仕事を行っていることが多いように思われます。

　このように実践面の課題としては，現状の職員体制で考えるのか，新たな職員を配置するのかといったことや，保育ソーシャルワーカーという職種をどこに配置するのか，保育所内に配置するのか，保育所の外部に配置するのかといったことを明確にしていくことが必要となります。これらを今後さらに整理していかなければならないと思います。

養成面の課題

　保育ソーシャルワーカーを養成していく時，3つの方法が考えられます。第1は保育士が基盤としてあり，その人たちがソーシャルワークを学んでいく方法です。第2は社会福祉士が基盤にあって，その人たちが保育を学んでいく方法です。第3は，保育士や社会福祉士などの基礎資格にプラスして保育ソーシャルワークの研修を受ける方法です。

　まず第1の保育士を基盤とする方法について考えます。現行（2017年現在）の保育士の養成科目のなかには「相談援助」「保育相談支援」「家庭支援論」などのソーシャルワークに関連する科目が入っています。社会福祉士の科目と比べると短時間ですが，ソーシャルワークを学んでいく内容になっています。保育士が保育ソーシャルワークを担うと仮定すると，これを強化していくパターンになっていくと思います。

　次に第2の社会福祉士を基盤とする方法について考えます。スクールソーシャルワーカーのように保育ソーシャルワーカーという新たな職種を配置するとなると，社会福祉士の資格をもつ人が保育のことを学んでいくことになると思います。現行（2017年現在）の社会福祉士のカリキュラムには保育は一切入っていません。保育制度のことは「子ども家庭福祉論」に一部入ってきますが，保育がメインの科目ではありません。社会福祉士の養成でも「子ども家庭福祉」がどんどんマイナーな分野になっていて授業時間も減っています。半期でしかやっていないところが多くあります。社会福祉士の実習先でも子ども家庭福祉分野にいく人が多くないので，この人たちが保育を学んでいくパターンは，保育士の人たちがソーシャルワークを学ぶよりも下地が少ないと思います。ただし，社会福祉士を勉強して子ども家庭福祉分野でがんばりたいと考えている人のなかには，自分で保育士の資格をとる人もいますので，自主学習としては保育を学ぶ人たちもいるでしょう。

　最後に第3の基礎資格プラス研修の方法について考えます。基礎資格として保育士や社会福祉士などがある人が，数年間の実務経験を経て，さらに保育ソーシャルワークの研修を受けるという方法です。介護支援専門相談員（ケアマネジャー）はこのパターンになります。介護支援専門相談員は，社会福祉士だけでなく，医師，看護師などの基礎資格をもつ人が実務経験と研修を受けて

なることができます。

　保育ソーシャルワーク学会は「保育ソーシャルワーカー」の認定資格を定めています。初級から中級，上級の保育ソーシャルワーカーの認定資格をつくり，それぞれに研修受講資格および資格認定の要件を設けています。基礎資格は第1グループから第5グループまであり，幅広くなっています。初級には，保育士，社会福祉士だけでなく，関心がある学生まで入っていて，初級は誰でもなれるようになっています。中級は第3グループまでに限定されており，何らかの資格をもっている人を想定しています。

　また，大阪府では，経験を積んだ保育士が研修を受けて「スマイル・サポーター」として認定する事業を実施しています。その内容をみると，相談，支援，つなぎ，連携という用語が出てきますので，スマイル・サポーターは保育ソーシャルワーカーに近いように思います。

おわりに

　保育ソーシャルワークは現場レベルで普及するかどうかについて，私自身はかなり疑問に思っています。「保育ソーシャルワーク」という用語を使うのは主に研究者であり，まだまだ現場では「それは何ですか？」と言われたりします。保護者支援，地域の子育て支援は普及してきたように思いますが，「保育ソーシャルワーク」という用語はまだ普及していないのではないかと思われます。

　保育ソーシャルワークという議論を続けていき，理論的に確立していくことは必要だと思います。しかし，「子どもの貧困」が今日のテーマですが，子どもの貧困を考える時，保育ソーシャルワークの理論の確立を待っていられません。現時点では，子どもの貧困に対して保育ソーシャルワークが切り札になるというのは難しいような気がします。理論として出てきてから普及するのに時間がかかります。将来的には現場レベルでも普及してくるかもしれませんが，少なくても5年スパンでみると，現場を変えることにはなりづらいのではないかと思っています。

　したがって，子どもの貧困への保育現場の対策としては，「保育ソーシャルワーク」を前面に出さない形でやっていくべきなのかもしれません。理論的な

ところから入っていくことも大事ですが、現場レベルの実践を積み重ねていく方向性も大事だと思っています。それぞれの現場レベルでは、すでにいろいろな取り組みをしています。全国保育士会のホームページには、「保育士・保育教諭として、子どもの貧困問題を考える～質の高い保育実践のために～」というパンフレットが掲載されています。実践をまとめた本も発行されています。

現場では子どもの貧困だけでなく、保護者支援のなかでもいろいろな実践があり、そのなかに「貧困」「育児不安」「発達障害」の問題も入っています。そのような問題と子どもの貧困の対策は共通する部分があるのではないでしょうか。

このような実践を保育ソーシャルワークの理論にどうつなげていくかが課題ではないかと思います。以上で、私からの問題提起は終わらせていただきます。ありがとうございました。

■セミナー参加者との質疑応答

Q1　保育ソーシャルワークの担い手は誰か（学校ソーシャルワーク（SSW）との比較から）。

A　そもそも、保育士の定義に保護者への指導が業務として示されている点、保育所が児童福祉施設である点から、保育ソーシャルワークは保育士の業務の一環として議論されることが多い。一方、SSWは教育分野におけるソーシャルワークということで、教師が行うソーシャルワークとしての議論は少なく、ソーシャルワーカーを別に配置する形をとっている。

Q2　保育ソーシャルワーカーはどこに配置されるのがよいと思われるか。

A　まずは、市町村窓口に保育ソーシャルワーカーを置くのが現実的ではないかと考える。財政面、人材確保の面、他機関連携のしやすさが利点としてある。市町村窓口へのワーカー配置という形態を経由して、将来的に各保育所に配置されるという可能性もある。ただし、親への直接的支援は担任保育士や主任保育士が主に行うことになるだろう。

Q3 現在，実際に市町村窓口で保育ソーシャルワークを行っている自治体や，スクールソーシャルワーカーがきょうだい支援で保育所に入るケースもあり，保育所の外部にワーカーを配置する形態に賛同する。しかし，ワーカーを外部に配置する場合，現場の保育士の情報の上げ方が重要になる。ソーシャルワークを行うために，現場の保育士が何をみなければならないのか，着目すべき点を提示する必要がある。

A 保育所における親への支援については研究が蓄積されてきている。しかし，他機関連携の際，どのような情報をやりとりしているのか，どのような方法が効果的なのかなどの議論は少ない。方法論を語る時に，情報共有や連携といったきれいな言葉でまとまってしまうが，その内容について精査していく必要がある。

Q4 保育現場でソーシャルワークを行うために，具体的にどのような視点が必要か。

A （参加者より）市町村で保育所に提供するチェックシートを試作している。子どもの出血状態，傷，痣，衣服の汚れ，欠席遅刻等，それらの事象の支援における重要性が保育現場に伝わるようにしている。

Q5 SSW との連携の際，教師は福祉の言葉がわからない。教師もソーシャルワークの勉強が必要であるが，そのような研修は行われていない。

A5-1 保育士とソーシャルワーカーは養成課程で共通した科目があるため，教育現場よりは言葉が壁にはなりにくいと考えられる。幼稚園教員も多くが保育士資格をもっている。

A5-2 （フロアからの意見）保育士がソーシャルワーカーの業務を行うのは時間的に難しい。母親支援を行っているが，支援が必要な家庭ほど認可外保育施設に預けている親が非常に多い。また，家庭内に保育の問題だけでなく介護の問題が浮上している家庭などがある。こうしたケースは，保育所の家庭支援だけで対応するのは難しく，それを自ら現場で痛感している。

A5-3 （フロアからの意見）ソーシャルワーカーが機関のなかに入ると所属機関との利害関係からソーシャルワークがしづらいことがある。保育所では家庭内での出来事に対する気づきが重要である。また，保護者自身が育児がうまくいっていないと感じることが難しい。経済的困窮や失業などは親自身にとってわかりやすく，支援につながりやすい。

Q6 現場の保育士が子どもの経済状況を知ってしまうと，保育にマイナスな影響

があるか。

A （参加者より）昔の考え方かもしれないが，保育士が経済状況を知ってしまうと，保育士が先入観から子どもを不平等に扱ってしまう場合がある。したがって，経済状況に関するフォローは園長や主任保育士が行っていた。経験があれば担任の保育士でも対応できるだろう。

Q7 若い保育士に保護者指導されることに抵抗がある保護者や，保護者の評価を厳しくする保育士をみてきたが，保育士がソーシャルワークをする時の留意点は何か。

A 保育士としての心構えとして，相手の立場に立って傾聴することが重要である。親に指導や正論を伝える前に，親との信頼関係の素地がなければならない。保育士の年齢や子育て経験ではなく，親に寄り添う姿勢が重要で，そのことを養成段階においても伝えていきたいと考えている。

Q8 保育所のなかにソーシャルワーカーを配置する利点は集団全体へのアプローチが可能になる点があげられる。予防的介入などにより，問題が顕在化したケースだけでなく全数に対して機能を還元できる。

A 外部にワーカーを置く場合，全数アプローチは現場の保育士が行う。その場合は，虐待予防や発達障害の早期発見等の知識を保育士が有しているのが前提である。問題が顕在化したケースを外部のネットワークにつなげることになる。

Q9 市町村窓口で認可外保育施設へのアプローチは可能か。

A 制度上，アプローチしにくい。生活が困窮している家庭が利用する認可外保育施設は小規模なものが多く，市町村がどこまで把握しているかわからない。生活保護など他の制度を利用してつながるケースがあるかもしれない。

Q10 保育ソーシャルワークの出発点はどのようなものか。そもそも，子どものソーシャルワークの視点が広がることが大切ではないか。

A 保育の現場で保護者支援の重要性を強調するために注目されてきたのではないか。ただし，子どもソーシャルワークとひとくくりにしてしまうと，児童相談所のソーシャルワーク等と混同してしまうように考えられる。子どもソーシャルワークとして広くとらえたとしても，現場の特徴ごとに議論が必要である。理論的にはソーシャルワークの基盤が前提の実践であるので，個人的には保育ソーシャルワーク独自の理論があるのかについては疑問を感じている。

【論点と争点】
子どもの貧困対策におけるスクールソーシャルワーカーの実践課題
—— アウトリーチに着目して

田中聡子（県立広島大学保健福祉学部教授）

　ここでは，「子どもの貧困と学校ソーシャルワーク」をテーマとした門田報告から，子どもの貧困対策において学校に必要なソーシャルワーカーの実践とは何かを以下の2点から考察します。ひとつ目はスクールソーシャルワーカーの業務と配置形態，2つ目はアウトリーチに着目する理由です。

　スクールソーシャルワーカー活用事業として予算化したのが2008年であり，取り組みは実施主体の自治体によって違いがあるといえます。また，学校ソーシャルワークの対象が何かによって，実践上の課題が異なってくると考えます。

1　スクールソーシャルワーカーの業務と配置形態

　子どもの貧困対策としてスクールソーシャルワーカーの配置が推進されています。しかし，学校において何をする人なのか，その業務が広く一般社会に周知されているわけではありません。

　スクールソーシャルワークとは「スクール＝教育現場で，ソーシャルワーク＝社会福祉実践をするシステム」［山下監修 2016：16］，「学校におけるソーシャルワーク」であり，「子どもソーシャルワークと呼ばないのは，その営みが『公教育制度における：in school』ないし『学校支援のため：for school』と『学校とともに：with school』であるから」［門田・鈴木編著 2010：11-12］とされています。文部科学省（2013）「スクールソーシャルワーカー活用事業実施要領」の事業趣旨は「いじめ，不登校，暴力行為，児童虐待など生徒指導上の課題に対応するため，教育分野に関する知識に加えて，社会福祉等の専門的な知識・技術を用いて，児童生徒の置かれたさまざまな環境に働き掛けて支援を行う，スクールソーシャルワーカーを教育委員会・学校等に配置し，教育相談体制を整備する。」とあります。具体的な業務として，①問題を抱える児童生徒が置

かれた環境への働きかけ，②関係機関等とのネットワークの構築，連携・調整，③学校内におけるチーム体制の構築，支援，④保護者，教職員等に対する支援・相談・情報提供，⑤教職員等への研修活動と示されています。このことをみれば，スクールソーシャルワーカーは，子ども自身よりも学校への不適応，教育上の不利を引き起こす環境要因への働きかけ，具体的には保護者や家庭問題へ対応し，行政をはじめとする外部および学校内での連携や教員への相談というメゾレベルでの仕事が多いような印象を受けます。

　この理由はスクールソーシャルワーカーの配置形態と関係します。スクールソーシャルワーカーは，教育委員会に所属して必要時に学校へ派遣される派遣型と，教育委員会から特定の学校に配置される配置型に大別されます。配置型にはさらに特定の学校を拠点としながらも必要に応じて複数の学校を担当する拠点校配置型があります。また派遣型と配置型をミックスした形態や，職能団体に登録し，教育委員会の要請によって派遣される登録型なども存在します〔山野 2015：65-66〕。派遣型は教職員の相談活動やケース会議の参加，教職員を対象とした研修など間接支援が中心になります。拠点型や配置型は児童や保護者への直接支援が可能になります〔半羽 2016：24-25〕。全国的には派遣型が多いという調査結果があります〔山野 2015：66〕。

　スクールソーシャルワーカーの予算は2008年度全額国庫補助でしたが，2009年から国が3分の1，残りは自治体（都道府県，政令市，中核市）が負担することになりました。国からの補助金は減りましたが，市町村も独自予算や間接補助事業として都道府県から補助を受けてスクールソーシャルワーカーを配置するところが次第に増えています。しかし，予算が限られていることから派遣型によってスクールソーシャルワーカーを導入し，1人のスクールソーシャルワーカーが広いエリアを担当することになっていると推察できます。したがって，子ども本人とじっくり関わり子どもの抱える問題に向き合うケースワークとして実践することには課題があると考えます。

2　アウトリーチに着目する理由

　門田報告では，アメリカにおける学校ソーシャルワークの始まりは訪問教師（visiting teacher）であり，その理念は強力なアドボガシーの追求です。「貧しい

家庭の子どもたちの教育保障」のため「子どもの家庭状況を学校に理解してもらう」「親にも学校への要望，ニーズを理解してもらう」ための家庭訪問や学校訪問であり，アウトリーチによる実践だと論じています。スクールソーシャルワークの対象は子どもであり，その目的は子どもの福祉の向上だと考えます。したがって，子どもの思いや意見を代弁することは学校ソーシャルワークの中核機能と考えます。また，貧困，抑圧，排除状態の子どもは，自らの権利を主張する力が弱くパワーレスな状況にあるといえます。こうした子どもの権利を擁護するアドボガシーのためにアウトリーチは不可欠だと考えます。

ソーシャルワーク実践においてアウトリーチは，第1にクライエントに対してアセスメントによって明確になった課題解決のための介入方法であり，第2に予防的な機能として問題の早期発見，表に出ない潜在化したニーズをキャッチできる方法として重要なアプローチです。また，クライエントの生活する場所に出向いてこそクライエントの理解につながります。「家庭訪問によってどのような生活環境で子どもたちが生活しているのかを知ることで，より効果的な支援を組み立てていくことができる」（門田）のであり，アウトリーチを基盤にしたソーシャルワークが展開されてきたといえます。このようなソーシャルワークが展開できるのは，配置型になるでしょう。福岡県において中学校区拠点配置型が進められているのは，スクールソーシャルワークの原点ともいえるアウトリーチ機能がなければ，子どもの抱える課題を解決できないからだと考えます。

3　子どもに寄り添う支援の展開

アウトリーチについて，第1点のクライエントの課題解決について述べます。学校ソーシャルワークの先進地域である福岡県筑豊は産炭地域です。石炭産業の衰退により，筑豊地区の子どもの貧困問題は1950年代から非行として可視化したといえます。そこで非行事件に対応する教員が必要となり「補導教諭」が導入されたことが述べられています。親の経済問題が子どもに影響することは昨今の研究で明示されています。その表れ方は時代や地域によって異なるといえます。筑豊では「補導教諭」が表面化した非行問題に対応するために配置されました（門田）。非行を減らし，子どもが学校で学ぶことができるように

するには家庭の生活問題を解決することや警察，市役所，民生委員等との連携が必要になります。「補導教諭」がソーシャルワーク機能を果たしていたと考えます。

筑豊地区は現在でも生活保護率が高く，2016年度の生活保護率は全国平均17.0‰に対して田川市61.1‰，川崎町や福智町のある田川郡は112.5‰になります（福岡県生活保護速報）。子どもたちの生活場面においてさまざまな福祉課題が可視化していると推察できます。「家庭環境の背景から自傷行為，子どもの非行，暴力行為，過呼吸発作，性問題等があります。貧困は金銭的な問題だけではなく，子どもたちの心，自尊心，人間関係にも深刻な影響を及ぼしてきます」（門田）。したがって，コンサルテーションや多機関連携だけでなく，子どもや保護者と面談し，課題を明らかにして支援を行っていくことが要求されているといえます。

本当に困っている人，支援が必要な人は自ら声を発して教師やスクールソーシャルワーカーにアクセスしてきません。貧困，差別，暴力などの抑圧された環境のなかで「否定的な評価（negative valuation）」を受けることによって「パワーの欠如状態」，すなわち「社会的に評価されている役割を効果的に遂行していく場合に，情緒，技能，知識，または物質的資源を活用していけなくなる状態」がもたらされるという状況にあります。そこでパワーを増強していくこと（エンパワメント）を基本にくみたてていくこと［小松 2002：154-157］にソーシャルワークの価値や理念があります。スクールソーシャルワーカーはアウトリーチによって，保護者との信頼関係を構築し，子どもが学校で学ぶことの意義が共有できるように働きかけをするでしょう。子どもや保護者へのパワーを増やすこと，抱える課題に対してソーシャルワーカーが寄り添って解決していくことをめざします。

4　子どもの貧困に対する予防的支援

第2点の予防効果について述べます。今日，地域は少子高齢化と人口減少化が進み，住民組織力の低下や人と人とのつながりの希薄化が起こっています。地域における子育て力ともいえる見守りや声かけすら減っている状況があります。そうしたなか，学校は，保健，福祉の領域からアウトリーチによって捕捉

されない子どもをキャッチする場になっているといえます。特に養育力の低い家庭の子どもの問題は，学校において現れてくると考えられます。個別支援を要する手前の子どもに対して問題を抱えないための予防が必要です。

　報告では，実践事例として筑豊地区のひとつの学校は，「チーム学校」のモデル事業として，全生徒を対象に支援の必要な「要支援」，介入まではいかないけれど気がかりで観察が必要な「要観察」，現状は遅刻も欠席もないが気がかりな「要配慮」の子どもがリスト化されていることが紹介されました。こうしてキャッチした子どもに対して，子どもの居場所を学校に設置し，提供しています。スクールソーシャルワーカーが居場所に来る子どもと接するなかで，早期に課題を発見し，対応する予防的な支援だといえます。このためには，日頃からアンテナを高くして学校における子ども一人ひとりの様子に目配りすることが必要です。子どもや教師と普段から顔が見える関係が構築されていないと，こうした対応は難しいと考えます。

　また，子どもの生活基盤である地域との接点をつくっていくこともスクールソーシャルワーカーの役割と考えます。学校に居場所を設置したように，地域に子どもの居場所をつくる取り組みが福岡県では行われています。貧困家庭や生活課題を抱える世帯は地域社会から孤立しがちです。生活の基盤は地域であり，生活困難を抱える家庭に対して見守りや手助けができるのも本来は地域だと考えます。「学校が家庭と地域をつなぐ」こと，コミュニティケアの視点をもつことが必要となるでしょう。文部科学省の進める「チームとしての学校」においても「学校と家庭や地域との連携・協働により，ともに子供の成長を支えていく体制を作」ることが示されています。2009年4月に施行された改正児童福祉法において，原則4カ月までに乳児家庭全戸訪問事業が実施されることになり，乳児の予防対策は前進したといえます。しかし，小学校に入学後に保健，福祉の専門職が予防のためにアウトリーチをする仕組みはありません。したがって，学校のみならず，地域においても予防的な活動として居場所づくりや学習支援が必要だと考えます。

　こうした予防的支援は，家庭訪問や地域に出向きニーズをキャッチするアウトリーチが前提になると考えます。さらに，配置型，拠点配置型のスクールソーシャルワーカーでないと地域との関係性の構築は難しいといえます。ソー

シャルワークの原点であるセツルメントは地域住民と生活をともにしました。拠点に基盤を置いて対象者との信頼関係を構築することがスタートになります。

　2018年度予算において前年度1.46倍増でスクールソーシャルワーカー活用事業に概算要求がされています。文部科学省は2019年までに，スクールソーシャルワーカーを全中学校区に１万人配置することを目標にしています。しかし，１週間に３時間で年間48週のスクールソーシャルワーカーを１万人配置するという考え方になっています。この基準であれば派遣型が多くなると予想されます。今後ますます，学校を取り巻く家庭と地域において子育てする力が弱っていくと考えます。貧困を背景にした学力低下や不登校，非行などを予防や改善するには，子どもと関わり，子どもに寄り添うソーシャルワーク実践が必要となります。つまり，家庭訪問を行い，関係機関に出向くアウトリーチが必要になります。地域社会に課題のある子どもを受容し，課題のある子どもや家庭を早期発見することは，派遣型では難しい点は前述しました。子どもの学びを保障する教育・生活支援からもスクールソーシャルワーカーが配置型や門田の進める拠点校配置型において，どんな実践をしているのかを明示することが重要だと考えます。

　　門田光司・鈴木康裕編著（2010）『ハンドブック　学校ソーシャルワーク演習―実践のための手引き』ミネルヴァ書房
　　小松源助（2002）『ソーシャルワーク実践理論の基礎的研究―21世紀への継承を願って』川島書店
　　半羽利美佳（2016）「スクールソーシャルワーカーとは」山野則子・野田正人・半羽利美佳編『よくわかるスクールソーシャルワーク』ミネルヴァ書房，24-25頁
　　山野則子（2015）「全国調査によるプログラム検証」山野則子編『エビデンスに基づく効果的なスクールソーシャルワーク』明石書店，63-115頁
　　山下英三郎監修／日本スクールソーシャルワーク協会編（2016）『子どもにえらばれるためのスクールソーシャルワーク』学苑社
　　福岡県ホームページ「生活保護速報」(http://www.pref.fukuoka.lg.jp/uploaded/life/292720_53013680_misc.pdf，2017年12月27日閲覧)
　　文部科学省「チームとしての学校のありかたと今後の改善方策について（答申）（中教審第185号）」(http://www.mext.go.jp/b_menu/shingi/chukyo/chukyo 0 /toushin/1365657.htm，2017年12月28日閲覧)

厚生労働省ホームページ「児童虐待防止対策に関する関係府省庁連絡会議幹事会（第5回）」資料3-3「文部科学省における平成30年度児童虐待防止対策関連予算要求について」（文部科学省）（http://www.mhlw.go.jp/stf/seisakunitsuite/bunya/0000128770.html，2017年12月28日閲覧）

【論点と争点】
乳幼児期の貧困と保育に関する諸問題

倉持史朗（同志社女子大学現代社会学部准教授）

1　身近なところから

　この世には怖いものみたさのためか，私のような者を子ども・子育て支援新制度のための「子ども子育て会議」の会長に据える自治体もあります。「乳幼児家庭を訪問した担当者の報告の分析がなってない」「虐待通告に対する把握と情報共有の仕方に問題があります……」と役所内でワンワン吠える筆者に対して，まさに「傾聴」と「受容」と「共感」をもって向き合ってくださるのは市役所の子ども福祉課（仮称）にいらっしゃるベテラン保育士さんたちです。

　筆者がこれまで勤務した大学では在学中に妊娠・出産する学生が少なからずおりました。みなさん迷わず出産されますし，ありがたいことに学業もきちんと続けられます。「新米」親子を同級生や教員も全力で応援する（特異な）大学でしたので，遠くにいる親御さんたちのお子様（＝学生）だけでなく「お孫さん」まで一緒にお預かりした気分になった時もあります。子育てと学業とアルバイトをかけ持ちする学生が，認可保育所をさがして子どもを入れる（いわゆる「保活」）際は勿論のこと，育児に悩む方や経済的にしんどい家庭の方々に対しても，上記の市役所の窓口に立たれる保育士たちは丁寧な相談支援をなされます。必要に応じて県の児童相談所や医療・教育機関とも連携します。子育てサークルの設立や活動支援など地域資源の発掘や育成も活発です。「社会福祉士」の資格がなくても「保育士」という資格と公立保育所・市役所の窓口での

キャリアでもって，立派な「ソーシャルワーク」をされておられます。

石田先生のご指摘のように「呼び名」はともかくすでに現場の保育士がソーシャルワーク機能を担っている地域，事業所は多々あると思います。大切なことは保育所や地域支援において蓄積された実践知・経験を共有し，保育士の職務の範疇とすることのコンセンサスを形成する，理論化していけるかということになると思います。すぐれた実践を蓄積するためには保育士という専門職一人ひとりが，安定した労働環境の下で着実なキャリアを積んでいくという条件が必須です。このことは最後にもふれます。

前置きがながくなりました。先述のような専門職の方々が普段から身近にいます。私自身は2つの大学で社会福祉士と保育士の養成課程に関わらせていただいております。ですからこのまま「保育ソーシャルワーク」議論に飛び込んでいきたいところですが，石田氏があえてわれわれに与えた課題，つまり「貧困」と子ども・家庭・保育者に関する検討を本稿では進めていきたいと思います。まずは，①一般的に保育の対象と考えられる乳幼児期の貧困に関する議論をまとめ，②貧困問題に向き合うための保育（ソーシャルワーク）側の課題について考えていきたいと思います。それらを通じて石田先生の問題提起の意義が改めて明確になると思います。

2　乳幼児期の貧困と保育

石田氏のご講演テーマに「貧困」と「保育（ソーシャルワーク）」が掲げられた背景には，乳幼児期における貧困（経験）がその子どもに深刻な影響を与えるという近年の研究の蓄積があります。残念なことにすでに「貧困率」という言葉はわれわれには「なじみ」になっていますので，本稿ではその数値も含めて改めて説明する必要はないと思います。社会福祉の視点から申し上げれば，その数値（％）が小さくても，ひとりの子どもとその家族が貧困に喘いでいることを問題視するからです。

小西氏は「子どもの貧困」の定義を「子どもが経済的困窮の状態におかれ，発達の諸段階におけるさまざまな機会が奪われた結果，人生全体に影響をもたらすほどの深刻な不利を負ってしまうこと」［秋田ほか編 2016：30］としています。「人生全体」という言葉からわかりますように，貧困を起点とする「不利」

は「年齢とともに蓄積」され，さまざまな「可能性」と「選択肢（ライフチャンス）」を制約します［秋田ほか編著 2016：32］。「貧困」という穴は放っておいてもふさがりません。時間とともに広がり深くなります。筆者なりの表現が許されるのであれば，貧困には「底」がないのです。

　特に「乳幼児期」の貧困経験の問題性については，小西氏に限らず中村氏［秋田ほか編著 2016：95-112；中村 2017］，菅原氏［秋田ほか編著 2016：195-220］などもE.アンデルセンやJ.ヘックマンの主張を援用しつつ実証研究などを通じて同様の指摘をしています。このことから乳幼児期に適切な支援（＝「保育」もしくは「保育ソーシャルワーク」）を行って，貧困による子ども（の人生）への負の影響を予防・緩和することの重要性を導き出しています。これが今回の石田氏のテーマにつながるのです。その貧困問題の解決方法として中村氏などから提示された「保育ソーシャルワーク」なる援助枠組（新しい領域？　固有の理論をもつ支援体系？　という疑問はつきませんが……）の必要性，有効性などに関する議論に石田氏が多くの紙面を割かれましたので，この点についての私なりの意見は後に少しだけ申し述べたいと思います。

3　貧困問題に向き合うための保育（ソーシャルワーク）側の課題

　石田氏は，子育てにおけるさまざまな問題に対処する保育ソーシャルワークは「保育所」で展開されるものなのか，もしくは子育て支援の場すべてがフィールドになるのか検討することが必要だと指摘しています。先ほどの「乳幼児期の貧困」対策という話に限定しますと，より「保育所」への期待がはっきり示されます。阿部氏［2014］の主張はすでに石田氏から紹介されていますが，中村氏［秋田ほか編著 2016：108-109］は保護者と保育所の「強固な関係を基盤」にして保育ソーシャルワークは「貧困とたたかう」のだと語っています。平松氏［秋田ほか編著 2016：61-65］も同様に「専門的な知識に裏打ちされた保育者による良質な保育」を通じて乳幼児期に貧困を経験する不利を払拭できるという指摘をします。「良質な保育」を提供するのは（認可）「保育所」が想定されていると思います。

　そうしますと，現在の「待機児童」問題をどう考えたらよいのでしょうか。2017年4月現在で，（認可）保育所へ入所できない子どもが全国で約2万6000

人，それ以外にも行政のカウント方法によって除外された「隠れ待機児童」と呼ばれる子どもが約7万人も存在しています。政府は待機児童「ゼロ」の実現を2017年度末から3年先延ばし（2020年度末）する見通しを出しました。待機児童問題が深刻な地域の家庭では「良質な保育」にたどり着くまでに，過酷な「保活」に疲弊してしまっている現状があります。この待機児童問題が解決しない背景には，女性の就労率の増加や，0歳から2歳児までの保育ニーズに対する行政の見積もりが甘かったこと等が考えられます。女性の就労率の増加は，一人ひとりの「自己実現」という評価ができる一方で「生活防衛」として仕方なく子育て中の母親が就労せざるをえない状況があると藤原氏［秋田ほか編著 2016：180］は指摘します。

「生活防衛」のために就労（共働き）するには保育サービスの利用が不可欠です。しかし，待機児童の深刻な地域では「認可」保育所の利用を断念し，自治体ごとに独自で認証している保育施設，企業主導型保育所やその他の認可外保育施設，ベビーシッター等の活用も親たちは考えますが，いずれも専門職である保育士の配置基準等で見劣りします。乳幼児教育・保育の担い手である「保育者」という存在は必ずしも「保育士」資格と専門性を備えた者であるとは限らないことに注意が必要です。行政から助成を受けて認可保育所と「同等」とみなされている「企業主導型」でも，保育士の配置は全職員の半数でよいのです。「規制緩和」による同型保育所の増設で待機児童解消にはプラスに作用するかもしれませんが，「良質な保育」の保障はかすみます。利用児童の死亡事故が多いのも認可外施設です（2016年の教育・保育施設における死亡児数13人中7人が認可外施設での死亡）。

昨今の貧困に対する保育（ソーシャルワーク）の議論において，認可保育所以外の保育施設の位置づけはあいまいで論者によって認識が異なります。「子ども子育て支援新制度」であらたに追加された「地域型保育施設」以外の認可外施設は，そもそも児童「福祉」実践の範疇に入れられているのでしょうか。実際としては同じようなニーズをもつ子ども・家庭を支援する事業であるのに両者の間には意識的に分断の線が引かれているようです。高齢者分野における有料老人ホームと特別養護老人ホームとの関係に似ているようで本質はまったく異なると思います。

また，保育士不足が叫ばれるなかで保育を担う側の「貧困」（ワーキングプア）などが指摘されています。秋田氏は「乳幼児の保育は，生命の危機と背中合わせの仕事」［秋田 2017：2］だと指摘し，すべての就学前児への質の高い教育・保育の保障のために「発達保育実践政策学」という学際的な研究領域の必要性を呼びかけます。秋田氏の想定からすれば，さきほどのような保育・幼児教育の専門性が十分でない「保育者」が多数存在するという事実は頭の痛い問題でしょう。しかし，児童福祉の領域全体を見回してみましても放課後デイサービス・学童保育職員，児童養護施設などの社会的養護施設職員，里親ファミリーホームを含めた養育里親さんなども「資格」や「専門性」をまとっているわけでもありません。専門職不足は児童福祉全体の共通課題でしょう。

4　3つの問題提起

　紙幅の都合もありますので，3点ほど筆者なりの問題提起をして本稿を閉じたいと思います。
　ひとつ目は，子どもの貧困対策は「乳幼児期」からで「間に合う」のでしょうか。貧困の「世代間連鎖」の問題は多くの論者が指摘するところですが，筆者が注目するのは，子どもが誕生する前からの働きかけです。児童虐待問題をめぐっては妊娠初期の段階から「親」となる人びとへの相談支援が重要だという議論があります。特に保健（師）の領域ではこの議論は活発です。虐待で命を落とす子どもの多くは，皮肉にもこの世に生を受けてまもなくのうちに被害に遭います。つまり子どもたちが世に生まれでる前からの支援が重要になってきています。そこで，2016年の児童福祉法改正によって「子育て世代包括支援センター」（母子保健法での名称は「母子健康包括支援センター」）が法定化されましたが，このことも議論が活発化する背景にあります。
　同センターはこれまでさまざま分野の窓口や専門機関が個々に行っていた妊娠期から子育て期までの相談支援を行う「ワンストップ拠点」で，2020年までに全国市町村での設置をめざします。保健師やソーシャルワーカー（社会福祉士）等の配置が想定されていますが，「保育士」を配置すべきという主張はあまりみられません。
　一方で，虐待と同様に周産期は「子どもの貧困の連鎖の起点」だという指摘

もあります［武内 2016：98］。周産期（妊娠22週以降から出生後7日未満）では期間が短すぎるかもしれませんが，子どもが誕生する前段において安定した養育のために家庭環境を整えておくことも求められます。子ども自身が生まれていないのに「保育」という言葉をつけるのはおかしいかもしれませんが，貧困に立ち向かう「保育ソーシャルワーク」というものが期待されるとすればこのようなセンターにおいてではないでしょうか。

　2つ目は，これまで述べてきた「待機児童」問題，つまりは深刻なニーズをもった子どもや家庭が，「質の良い」保育にたどり着かない現状について「保育ソーシャルワーク」は何をするのか，何ができるのかということです。「困難な状況の親ほど環境の悪い保育施設に長時間預けなければならない状況」［秋田ほか編著 2016：18］，生計を維持するために子どもの安全・安心に目をつぶらざるをえない状況に対するソーシャルワークの意義も今後は問われてくると思います。「保育」と「保育ソーシャルワーク」の違いのひとつに，後者の実践は「社会変革」をも視野に入れているという点を指摘する論者もいます。20万人を超える乳幼児が設備や安全性が十分でない認可外施設の利用を余儀なくされています。「ソーシャルワーク」の理念からすれば座視できない現実です。

　3つ目は，保育士や保育ソーシャルワークの担い手の確保・労働条件などについての問題です。藤原氏［秋田ほか編著 2016：167-193］らの指摘からわかるように，良質な保育を提供するはずの保育士たち自身が非正規化・低賃金にさらされているなかで家庭的にしんどい乳幼児や親たちへの支援を期待することは現実的でしょうか。子どもの貧困問題の解決が必要だという根拠は経済学的・社会学的な観点から導き出される点は重要です。それに加え，われわれ社会福祉に携わる者が貧困問題と向き合う根拠は子どもの「人権」保障という点からに他なりません。乳幼児に関わる保育士や教員，社会福祉専門職は「子を産み・育てる」という人間社会の根本を支える重要な存在です。しかし，そのような役割を担う専門職でありながら自らの生活の質や労働環境を守る・改善するという意識が弱く，そのための有効な手立てを講じることができていません。このことは「貧困」に立ち向かう保育（ソーシャルワーク）のあり方を問うのと同時に，子ども支援に関わる専門職が取り組まなくてはいけない喫緊の課題であると思います。

阿部彩（2014）『子どもの貧困Ⅱ　解決策を考える』岩波書店
秋田喜代美ほか編著（2016）『貧困と保育―社会と福祉につなぎ，希望をつむぐ』かもがわ出版
秋田喜代美（2017）「いま『保育』を考えるために」秋田喜代美監修・山邊昭則・多賀厳太郎編『あらゆる学問は保育につながる』東京大学出版会，1-14頁
中村強士（2017）「乳幼児記の貧困とソーシャルワーク」末富芳編『子どもの貧困対策と教育支援』明石書店，39-63頁
内閣府子ども・子育て本部（2017）『「平成28年教育・保育施設等における事故報告集計」の公表及び事故防止対策について』（www 8 .cao.go.jp/shoushi/shinseido/outline/pdf/h28-jiko_taisaku.pdf，2018年1月1日閲覧）
武内一（2016）「貧困が新生児に及ぼす影響」『子ども白書2016』本の泉社，98-99頁

あとがき

　本書の元となったのは，2017年度の同志社大学社会福祉教育・研究支援センター開設10周年記念連続公開セミナー「ソーシャルワークの新たな展開」でした．

　同センターは文部科学省の大学院 GP（組織的な大学院教育改革推進プログラム）の助成を得て2007年に設立されました．それ以来，国際交流事業，内外セミナーの開催，ケース・カンファレンスなどのソーシャルワーカーの卒後継続学習，院生の海外 FW 助成，ニュースレターの発行などを行ってきました．これらの活動は「大学院教育・研究の側面／後方からのサポート」（埋橋孝文「大学院指導における『研究支援センター』の役割と可能性」http://gpsw.doshisha.ac.jp/）としての性格をもっています．

　同センターの大学院 GP のテーマは「国際的理論・実践循環型大学院教育システムの構築」でしたが，本書の内容も，「社会福祉にかかわる理論（研究）と実践の相互交流と好循環」の実現を目標としています．

　具体的には，①貧困・生活困窮者問題がソーシャルワーク研究にどのような問題を提起しているか（10年ほど前まではこの分野の研究はそれほど活発ではなかった），②ソーシャルワーク研究はこの分野の相談援助活動の効果的な展開にどのように貢献できるか（実践現場では試行錯誤の試みが行われている），という2つの問題に迫ろうとしました．この目標がどの程度達成されているかは読者の判断に委ねざるをえません．率直なご意見，ご感想をお聞かせくださるようお願いします．

　セミナーの実施にご協力頂いた講演者のみなさま，論稿を寄稿していただいた執筆者のみなさまに感謝申し上げます．また，奥田知志さんの講演記録の掲載をお認めいただいた阿部泰之氏（ケア・カフェ®ジャパン代表，旭川医科大学病院緩和ケア診療部）にお礼申し上げます．

2018年7月　　埋橋孝文

◆執筆者紹介◆（執筆順，＊は編者）

*埋橋　孝文（うずはし　たかふみ）　同志社大学社会学部教授，放送大学客員教授

奥田　知志（おくだ　ともし）　東八幡キリスト教会牧師，NPO法人抱樸理事長，
一般社団法人生活困窮者支援全国ネットワーク共同代表，
NPO法人ホームレス支援全国ネットワーク理事長，
公益財団法人共生地域創造財団理事長

髙橋　尚子（たかはし　しょうこ）　一般社団法人京都自立就労サポートセンター主任相談支援員

郭　　芳（かく　ほう）　同志社大学社会学部助教

野村　裕美（のむら　ゆみ）　同志社大学社会学部准教授

行岡みち子（ゆきおか　みちこ）　グリーンコープ生活協同組合連合会常務理事・生活再生事業推進室室長

有田　朗（ありた　あきら）　一般社団法人アルファリンク代表理事，
特定非営利活動法人ぎふNPOセンター理事

鵜浦　直子（うのうら　なおこ）　大阪市立大学大学院生活科学研究科講師

櫻井　純理（さくらい　じゅんり）　立命館大学産業社会学部教授

垣田　裕介（かきた　ゆうすけ）　大阪市立大学大学院生活科学研究科准教授

門田　光司（かどた　こうじ）　久留米大学文学部教授

石田　慎二（いしだ　しんじ）　帝塚山大学現代生活学部准教授

田中　聡子（たなか　さとこ）　県立広島大学保健福祉学部教授

倉持　史朗（くらもち　ふみとき）　同志社女子大学現代社会学部准教授

Horitsu Bunka Sha

貧困と生活困窮者支援
── ソーシャルワークの新展開

2018年9月20日　初版第1刷発行

編　者	埋　橋　孝　文
	同志社大学社会福祉教育・研究支援センター
発行者	田　靡　純　子
発行所	株式会社　法律文化社

〒603-8053
京都市北区上賀茂岩ヶ垣内町71
電話 075(791)7131　FAX 075(721)8400
http://www.hou-bun.com/

＊乱丁など不良本がありましたら、ご連絡ください。
　送料小社負担にてお取り替えいたします。

印刷：西濃印刷㈱／製本：㈱藤沢製本
装幀：奥野　章
ISBN 978-4-589-03956-9

Ⓒ 2018 T. Uzuhashi, Doshisha Education Research Center of Social Welfare Printed in Japan

JCOPY　〈㈳出版者著作権管理機構　委託出版物〉

本書の無断複写は著作権法上での例外を除き禁じられています。複写される場合は、そのつど事前に、㈳出版者著作権管理機構（電話03-3513-6969、FAX03-3513-6979、e-mail: info@jcopy.or.jp）の許諾を得てください。

五石敬路・岩間伸之・西岡正次・有田 朗編
生活困窮者支援で社会を変える
A5判・236頁・2400円

福祉，雇用，教育，住宅等に関連した既存の制度や政策の不全に対して，生活困窮者支援をつうじて地域社会を変える必要性と，それを可能にするアイデアを提起する。「孤立と分断」に対するひとつの打開策を明示した書。

桜井啓太著
〈自立支援〉の社会保障を問う
―生活保護・最低賃金・ワーキングプア―
A5判・256頁・5400円

実証・政策・歴史・言説・理論等の多面的な側面から，「自立支援」というイデオロギーに迫る。そして，その枠組みからなされる「支援」実践が実際に支援される人々や現場に何をもたらしているのかを明らかにする。

松本伊智朗編
「子どもの貧困」を問いなおす
―家族・ジェンダーの視点から―
A5判・274頁・3300円

子どもの貧困を生みだす構造のなかに家族という仕組みを位置づけ，歴史的に女性が負ってきた社会的不利を考察，論究。「政策」「生活の特徴と貧困の把握」「ジェンダー化された貧困のかたち」の3部12論考による貧困再発見の書。

河合克義・菅野道生・板倉香子編著
社会的孤立問題への挑戦
―分析の視座と福祉実践―
A5判・284頁・2500円

高齢者，障害者，子育て，引きこもり，被災者…社会的孤立は日本社会が構造的に生みだした病理であり，生きづらさである。その実態と論点を多面的に整理・検証し，実践者による取り組みの報告を通し，福祉実践・政策のあり方を示す。

河合克義・長谷川博康著
生活分析から政策形成へ
―地域調査の設計と分析・活用―
A5判・230頁・3300円

国民の生活実態を調査という手法を用いて把握し，その実態に根ざした政策を考え，新たな政策をつくるまでの手順を解説。実際のデータを素材に，調査の各段階を具体的に説明。社会福祉協議会や自治体職員，NPOに有益な一冊。

サラ・バンクス著／
石倉康次・児島亜紀子・伊藤文人監訳
ソーシャルワークの倫理と価値
A5判・348頁・3700円

複雑かつ多層的な価値観から構成される現代社会において，ソーシャルワーカーはいかなる世界観や人間観に立脚すべきか。ソーシャルワークを現代社会の一部分として再定位する。中国語，イタリア語，スペイン語につぐ待望の翻訳書。

―法律文化社―

表示価格は本体(税別)価格です